検証・若者の変貌

失われた10年の後に

浅野智彦［編］

勁草書房

まえがき

浅野智彦

二〇〇四年一二月九日、政権党である自民党の幹事長・武部勤氏は東京都内の講演で、若者の間でフリーターが増えていることに関して次のように述べた。

「一度自衛隊にでも入って（イラク南部の）サマワみたいなところに行って、本当に緊張感を持って地元の皆さん方から感謝されて活動してみると、三ヶ月ぐらいで瞬く間に変わるのではないかと思う」（朝日新聞、二〇〇四年一二月一〇日朝刊）

これは典型的な若者バッシングの例であるが、重要なことはこの発言に対する反発が、少なくともマスメディアの報道の中ではあまり目立たなかったことだ。そのことは二〇〇五年七月、政府税制調査会の小委員会で出た次の発言をめぐる状況と比較するとはっきりする。

「専業主婦で何もしない人が多いんです。子供も産まないで。……変な生命力のない人たちがお金をもってぶらぶらしているんですよ」（AERA、二〇〇五年八月一日号）

これもまた専業主婦バッシングとでもいうべきものだ。しかしこの発言はただちに物議を醸すことになり、それをめぐる賛否両論が報道の直後からメディア上で紹介されている。

若者バッシングと専業主婦バッシング。この二つを並べてみたときに分かるのは、若者をバッシングすることにはどうやら広い範囲で漠然とした「合意」ができているらしいということだ。若者についてはとりあえずたたいておいてよい、あるいは最近の若者はたたかれてもしかたないだろう、と多くの人が感じているようなのである。

振り返ってみれば一九九〇年代は、このような漠然とした合意が形成され、固められていく時期であった。今やこの合意は空気のように遍在し、若者を語る際の語り口を支配している。

私たちが本書を通して疑問符をつけたいのはまさにそのような語り口に対してである。

考えてみると「若者論」というのは誰にとっても非常に口を出しやすい、あるいは口を出したくなる分野である。というのも誰でも人生のある時期に若者であった経験を持ち、その経験に裏打ちされた強いリアリティを内に抱えているからだ。このことは、しかし、若者の実状を把握するという問題関心から見ると次の二つの点でやや危うい面を持ってもいる。

一つには、そのような各人のリアリティから今日の若者のあり方を眺めるとき、そのリアリティの強さゆえに、それがほんとうに若者の現状とうまくマッチしているのかという点が問われなくなってしまう。若者をバッシングする議論はほんとうに若者たちの実状を正確にとらえているのだろうか、またそもそもバッシングにはきちんとした根拠があるのだろうか、といったことが不問に付されてしまうのである。

もう一つ、そのようなリアリティからスタートするかぎり、その把握は否定的・消極的なものとなりがちである。すなわち、過去にはあったあれこれのものが現在には欠けているといった形での把握が前景化することになる。このような把握から引き出される対応策は、「欠けている何か」を復活させるという方向をとりがちであり、結果、現実性を欠いたノスタルジックなものになっていく傾きがある。冒頭の武部発言などもその一例であろう。

この二つの点を裏返すことによって本書の企図を示すことができる。第一に、若者バッシングが無自覚のうちに前提としている現実把握、これが果たしてどの程度妥当であるのか社会学という方法を用いて検討してみること。第二に、若者の現状の中に「何が欠けているか」を見出そうとするのではなく、どのような新しいものが生み出されつつあるのかという点に注意を向けること。この二つである。

検証・若者の変貌／目次

失われた10年の後に

第一章　若者論の失われた十年

浅野智彦

この本を通して私たちがやってみたいと思っているのは、実証的なデータを用い社会学的なやり方で今日の若者の像を描きなおしてみること、そして一九九〇年代初頭から一〇年の間に日本の若者がどのように変化したのかを検討してみることだ。言うまでもなくこの一〇年間は、バブル崩壊に始まり、日本の様々なシステムが急激にほころびをみせはじめた時期であった。そのような変化に対応して若者の行動や意識もこの間大きく変化してきたと考えられる。その変化がどのようなものであったのかを調査データに基づきながら描き出してみること、それが本書の目的である。

この本を手に取って下さった方々は、今日の日本の若者に多少なりとも関心をもっておられるのだろうと推測する。そしてまた関心をお持ちであるからには、今日の若者についてなにがしかのイメージをお持ちだろうとも思う。そこでこの本を読み始めるに当たって、みなさんに著者一同から一つお願いがある。みなさんのその若者イメージを改めて意識しなおしながらこの本を読んで頂きたいのである。もし本書を読み終えたあとでそのイメージが少しでも変化していたなら、私たちの狙いはある程度達成されたことになる。

次章以降の各論に先立って本章ではまず私たちの問題意識を明らかにし、その上で本書を通して用いられる調査データについて説明しておく。

1 若者論の変容

そもそもなぜ若者像の描きなおしが必要なのだろうか。

バブル崩壊後の一〇年は、その経済的停滞ゆえに、しばしば「失われた十年」と呼ばれてきたが、同じ時期（一九九〇年代初頭から二〇〇〇年代初頭）の若者論についても同じ表現を用いてよいのではないかと私たちは考えている。すなわちそれは若者論の失われた十年でもあった、と。そのことを説明するために、おそらくは失われた十年が始まった直後（一九九三年）に書かれた次のような言葉を手がかりにしてみたい。

「一九八〇年代に大人たちが若者たちに、情報機器を使いこなす新人類という位置を与え、実際の若者がそうではなかったにもかかわらず賞賛した、つまり『能動的にメディアを使用する若者』は大人のつくった幻だったのと同じように、若者自身も『能動性』の幻を『他人』という形であらわしてコンプレックスを感じているのではないだろうか。」（新井・岩佐・守弘 1993:225）

この文章が批判の標的にしているのは、一九八〇年代にさかんに語られた新人類像、すなわち高度情報社会に適合的な、情報メディア利用にたけた若者たち、というイメージである。このイメージ（あるいは幻）が大人たちだけではなく当の若者たちにさえ共有され、それが彼らに無用のコンプレックスを抱かせてしまっているというのである。

ここで注目したいのはそのような新人類論の当否、あるいはそれに対する新井らの批判の妥当性ではない。そうではなく新人類論を肯定する者も批判する者もおそらくは共通に認めるであろうこと、すなわち、八〇年代型若者論が若者に対してある面で肯定的な評価を下していたという点に注意を払っておきたいのである。新井たちの批判が向けられていたのは、その肯定的な評価が事実と一致していないという点であった。

そのような肯定的な見方が採用されていた理由は様々に考えられよう。新井らが言うように来るべき「高度情報社会」という時代のキャッチフレーズによってその種の肯定的な若者像が要請されたのかもしれないし、植村が言うように消費社会の高度化に際して若者を「マーケターたちにしてみれば文字どおり手駒」（植村 1993:133）のようなものとするために呼び出されたのかもしれない。

また八〇年代の若者論が肯定的な捉え方に終始していたというわけではなく、少なくない数のそれなりに批判的な若者像が提示されていたという点にも注意が必要だろう。しかしそれでもなおこう言うことができる。かつて八〇年代には、肯定的な若者像が、批判のターゲットとされる程度にはしっかりと若者論の中に場所を占めていたのである、と。

この点が逆に九〇年代以降の若者論の最もはっきりした特徴を照らし出す。すなわち九〇年代以降、若者論からは肯定的な若者像が大幅に後退してしまうのである。八〇年代の若者像が、高度消費社会や高度情報化社会に適合する新しい人格類型を描き出していたのに対して、九〇年代の若者論が若者の新しい特徴として描き出すものの多くはマイナスのイメージを帯びていた。やや過激な言い方をしてみるなら、まるでそれらのイメージは、若者をバッシングするために考案されたもののようにも感じられるほどだ(1)。

具体的に若者についてどのようなことが言われてきたのかは次節で紹介するとして、ここで確認しておきたいのは、若者論がそのように否定的な色彩に塗り込められていたとすると、それは「論」としてある種の視野狭窄に陥っている可能性があるのではないかということだ。人間が社会関係の中に産み落とされ、社会関係の中で自己形成し、逆に社会関係を維持しあるいは変えていくものである以上、若者が彼らの生きている社会によって違った特徴、違ったライフスタイルをもつのは当然のことである。しかしある世代のもつ特徴がことごとくネガティヴなものであるということがあり得るだろうか。そもそも否定的な評価というのは、ある規準に即して下された一つの解釈であるわけだが、若者のやることなすことすべてがネガティヴに見えるという事態は、若者そのものについてというよりも、むしろ若者を見る側の規準の取り方についてこそ多くを語るものではないだろうか。もう少し率直に言えば、その規準の取り方の狭さや偏りをこそ示しているのではないか。

この否定的な語り口は、しかし、おそらくはその分かりやすさのゆえに、たいへん大きな魅力を発揮しているように思われる。その魅力の強さは、この否定的な若者論をなぞるものでありさえすれば、単なる印象論やごく狭い範囲から得られた事例の一般化であってもほとんど抵抗を受けずに多くの人々に受容され、流通していくという事実に見て取ることができる。いわく少年犯罪は増悪（凶悪化、一般化、低年齢化等々）している。いわく若者の人間関係は希薄化している。いわく若者は新しいメディアのおかげで生身の関係を忌避するようになった云々。若者をめぐる何らかの事件がおこるたびに繰り返されてきたこうした語りを、読者のみなさんも、一度ならずどこかで見たり聞いたりしたことがあるだろう。実は、これらの語りがデータによって裏付けられていないこと、あるいはデータからはむしろ逆のことさえ読み取られることは、すでに何人かの社会学者によって丁寧に分析・検討されているのである。例えば少年犯罪が近年必ずしも増悪していないことは（広田 2000）や（鮎川 2001）、（土井 2003）によって、若者の人間関係が必ずしも希薄化していないことは（橋元 1998）や（辻 1999a, 1999b）によって、新しいメディアが対面的人間関係を減らしてなどいないことは（橋元 1998）によって等々、というように。だがこれらの研究成果は、おそらくは通念がもたらす安心感を破壊するがゆえに、決して若者論の主流として広まることはなかった。

しかしながら、このような分かりやすさと、それがもたらすある種の安心感のために支払われた代償は小さくないと私たちは考えている。まず何よりもこの種の決まり文句になってしまった語りで満足することによって、実際のところ若者がどうなっているのかという問いかけや思考が停止させられてしまっている。第二に、かりにそのような問いかけがなされるときにも、つねに否定的な見方がその答えを拘束してしまいがちである。第三に、この拘束を突破した諸研究は、今度はまるで何かのフィルターによってろ過されているかのように、専門家以外の人々の目に到達することを阻まれている。(2) 若者について論じる人々は、しばしばその議論の重要性を、若者がこの社会の将来を担うという点に求める。その同じ彼らが若者を虚心に見ることを回避し、若者の現在の生き方、考え方、価値観等々に何ら肯定的なものを認められないとすれば、それは何とも悲しいことではないだろうか。私たちはこのような事態を指して「若者論の失われた十年」と呼びたいと思う。

もちろんそれらの否定的な語りが一〇〇パーセント間違っていると言いたいわけではない。それらが若者について一面の事実を言い当てているであろうことは私たちも否定しない。ただ問題はその見方があまりにも狭すぎはしないか、偏ってはいないかということだ。そしてさらに言えば、若者が彼ら自身の生をよりよいものにしていくための、そして彼らが社会をよりよいものに変えていくための種子は、ほんとうはすでに今現在の彼らの生活の中に萌芽として現れているのではないかということ、にもかかわらずあまりにも否定的なまなざしはそれを見落としてしまうのではないかということである。本書の狙いを「実証的なデータを用いて社会学的なやり方で今日の若者の像を描きなおすことである」と述べておいたのだが、以上のことをふまえて言い直すと、このような視野狭窄に対して少しでも距離をおいた場所から若者の今日の姿を否定的な面も肯定的な面もあわせて描き出すこと、となるだろう。私たちが用いるデータと社会学的思考は、その距離を確保するための道具にほかならない。もちろんこの研究もまた一つの観察に過ぎず、それはそれで別の視野狭窄におちいっているであろう。しかし、重要なのは、データと社会学理論に依拠することによって、その視野狭窄を検討し、再吟味する可能性が生じるということだ。

というわけで本節の最初におかれた問いにはこう答えてみることができる。なぜ若者像の描き直しが必要なのか。それは若者についてのあまりにも否定に傾いたイメージを相対化し、できればそこに肯定的な要素を読み取っていくためである、と。

2　批判的な視線にさらされる若者たち

ではこの一〇年の間、若者について具体的にどのようなイメージが生み出されてきたのだろうか。ネガティヴな若者イメージを構成する仕方は、そのネガティヴさをはかる規準に即しておおざっぱに二つのタイプにわけてみることができる。一つは、経済的なものだ。すなわち、日本の経済をマクロな水準で捉えた上で、それに対して現在の若者のあり方がプラスに貢献しているのかマイナスに貢献しているのかという観点から判断を下すタイプの若者論である。この種の議論の典型は、よく知られているように学卒後の親元同居が個人消費を（ひいては日本のGDPを）押し下げているというパラサイトシングル論であり、また非正規就業の継続が労働技能の蓄積を阻害するというフリーター批判や就業意欲の低下が将来の年金財政を不安定化するという「社会的ひきこもり」批判・ニート批判である。これらに共通するのは、そのキーワード（GDP、労働力、年金財政）からもわかるように、みな日本経済のマクロな水準に関わっているということだ(3)。

もう一つは、道徳的なものだ。これは、あるべき人間像あるいはなにがしかの道徳観に依拠して、若者を批判的に意味づけるものだ。経済的合理性に依拠した損得計算ではなく、特定の道徳や規範に違反しているかどうかがここでの判断の基準となる。例えば、電車の中で平気で化粧をする若者、キレやすい子どもたち、バイトばかりして学校にあまり来ない高校生、等々といったイメージがこれにあたる。このことと関連して、道徳的な見方は次の三つの特徴を持っている。一つにはそれが規範からの逸脱に焦点を合わせるがゆえに、責任追及すなわち〈悪者探し〉に陥りやすいこと。二つ目は、この責任追及に際して、逸脱の原因を第一次的にはパーソナリティの特性（つまりは人格や性格）に求めがちであり、環境要因が考慮されるとしてもそれはあくまでも二次的なものになるということ。したがって、三つ目に、そこから引き出される「対応策」も、〈甘ったれた今の若者をもっと厳しく鍛え直さなければならない〉といったようなあまり現実性があるとも思えないようなものとなりがちである(4)。

これら二つのうち本書では主として後者の道徳的なタイプに焦点を合わせていきたいと考えているのだが、これは前者のタイプのイメージ構成を視野の外におくということではない。というのも、この二つのタイプの議論は論理的には別のものであるにもかかわらず、しばしば相伴い、重なりあって提示されることが多いからだ。例えば労働経済学者の玄田有史は、機会あるごとにフリーターやニートは働かないのではなく働けないのだと強調しているのだが、その背景には、多くの人々がフリーターなりニートなりになっていく若者たちを勤労意欲に欠ける者（端的に言えば怠け者）として道徳的に貶下しているという事情がある。フリーターやニートへの批判・非難は、彼らが日本経済にとってマイナスであるという経済的な事情からだけではなく、それが人としてあるべき姿（例えば勤勉の倫理、経済的自立、あるいは労働を通しての社会参加等）から逸脱しているという事情によっても動機づけられているのである。あるいはむしろそのような道徳的貶下こそが若者のネガティヴ・イメージを広く受容・流通させている原動力であるとさえ言えるかもしれない(5)。

そこでもう少し具体的に若者についてのネガティヴなイメージ・語り口を紹介してみよう。次節でも説明するのだが、本書では現代の若者に五つの視角からアプローチしようと試みる。すなわち、音楽生活、メディア利用、友人関係、自己意識、社会意識がそれだ。それゆえこの五つの視角と関連の深いネガティヴ・イメージにしぼって簡単にみていくことにしよう。

（1）音楽生活について

音楽について検討する際にまず確認しておくべき点は、音楽が今や若者の生活の不可欠な一部となっているということだ。そしてそれに続けて確認しておかなくてはならないのは、にもかかわらず、若者の音楽生活についての社会学的な理解がこの一〇年間で進んだとは（残念ながら）決して言えないということである。

以前は政治的なメッセージに満ちていた若者の音楽が今や大文字の社会に背を向けて、狭い私生活に引き籠もるようになってしまった云々、という批判がかつてあった。(6) この種の批判は、若者の好んで聞く音楽の全体についてある程度単純化した見取り図が描き出せるということを前提にしている。だが今日ではこのような前提を信じることはますます難しくなっているように思われる。ジャンルや嗜好の細分化の進行は、若者の音楽はこうなっている（だからだめだ）というような言い方を困難なものとしてしまった。それゆえ若者の音楽生活は、その内容に関して言えば、「……だからだめ」というよりも端的に見通しのきかない、不透明で不可解な領域になりつつあるといってよい（宮台・石原・大塚 1993）。九〇年代後半以降ミリオンセラーが連発しているにもかかわらず世代を越えて誰にも知られている曲が極端に少ないということもこのような不可解さに輪をかけている。

そのような状況に対してしばしば言われるのは、音楽ジャンルの細分化が進行したためにジャンル間の価値の階層が崩れつつあるのではないか、ということだ。例えば、かつては〈邦楽よりも洋楽の方が上だ〉という価値の上下関係があったのに対して、今日ではそれが崩れ、〈それぞれ好きなものを聞けばよく、その趣味の間に上下はない〉といういわばジャンル間の平準化が進行しているのだという。しかし、このことを示すためにあげられるのは、個別的な事例とそれをもとにした印象批評であることが多い。印象批評が事柄の核心を突く場合もあるのはもちろんだが、全体としての傾向を把握することもそれにおとらず重要であろう。その観点から言えば、若者という集団の中で音楽趣味の平準化が実際に進んでいるのかどうか、これを確認する仕事はいまだにきちんとなされていないと言うべきである。

（2）メディア利用について

新しいメディアが若者と結びつけて論じられてきたのは最近に始まったことではないし（石田 1998）、それが批判的な論調で語られることも珍しいことではなかった。例えば、一九九〇年代初頭にはすでにパーソナルコンピュータやそれを用いたパソコン通信に熱中する若者は「オタク」の烙印を押されきわめて否定的に語られていたのである。しかしその一方で若者は、各種新メディアを利用する能力がとりわけ高い集団とみなされ、ある面では過剰なまでに肯定的に語られもしていた。本章冒頭で引用した新井たちの批判が向けられていたのは、まさにそのような語りであった。つまりこの時期、若者とメディアとの関係については否定的なイメージと肯定的なそれとが並立して語られていたのである。

このような状況にはっきりした変化が見られるのは、一九九〇年代中盤以降、携帯電話・ＰＨＳ

（以下、合わせて携帯と表記）およびインターネットの利用が普及し始めてからのことである。すなわちこの時期以降、若者の起こした事件がしばしば携帯やインターネットと関連づけられて語られるようになるのである。例えば、ネット上で青酸カリの違法販売を行ない自殺者を出した事件、ネット上の掲示板で予告を書き込んだ上でバスジャックを実行した少年、携帯の出会い系サイトで知り合った男性に殺された女子大生や女子高生、あるいはまたいわゆるネット心中、最近では掲示板やチャットでのトラブルが引き起こしたとされる小学生同士の殺人事件等々。犯罪にまでいたらなくとも、匿名掲示板などが若者の差別意識や攻撃性を増幅し、不毛な争いを頻発させていると指摘する論者もいる（荷宮 2003a）[7]。いずれの場合もメディア利用は、若者の逸脱的な行動を増幅する装置として否定的に描き出されており、また若者もメディア利用の中で現実と虚構の区別を見失い「情報環境が提供するヴァーチャルな現実に引きこもる」存在として否定的に描かれることになる（小此木 2000:150，小原 2002:115）。逆にネット上での諸関係がもつ肯定的な側面、例えばネット上の人間関係が自殺を防いでいる可能性、あるいはネット上の人間関係が新しい親密さを作り出したり新たな協力関係を生み出しつつあるといった側面について注意が払われることはほとんどない[8]。

（3）友人関係について

友人関係についてもっともよく指摘されるのはその「希薄化」ということだろう。例えば、二〇〇三年の夏に起きた小学生拉致事件についての次の識者のコメントなどがその代表である。

「少女たちは群れているようでも、『ガラスの関係』だ。お互いを傷つけたり、壊したりしないように気を配る。相手を思いやるでもなく、心を割ってぶつかり合うこともない希薄な関係だ」
（東京新聞、二〇〇三年七月一九日朝刊）

「希薄化」というキーワードは、とりわけ携帯電話やインターネットなどのメディアの利用と関連づけて用いられることが多い。すなわち若者は対面的な関係の中で相手に傷つけられることをおそれて、つきあいを表面的なものにとどめようとする傾向を強めており、携帯やネットはその傾向を助けるための格好の手段になっているというのである。例えば、精神医学者の影山任佐は、近年の若者の人間関係を評して、「Eメールや携帯電話、ポケベルなどによる表面的な交際、対人関係のネットワークの形成に躍起となり」「お互いの本音や心の深みには立ち入らない」と述べている（影山 1999）[9]。

倫理学者・小原信によれば、この背後には、「生身の人間とつきあえば傷つくが、キカイを通せば大丈夫、やばくなればoffにすればいい、という考えが隠されている」のだという（小原 2002:28–29）。つまり、つきあいが全くないのもさびしいが、つきあいによって傷つくのもいやだ、そこでいやになったらいつでもリセットできるような形でのつき合い方が選ばれ、「とことん真剣につきあったりはしない希薄な関わりが主流を占めるようになった」というのである（小原 2002:226）。

こういった議論の中で若者は傷つくのをおそれ、いつでも逃げ出せるように表面的なつきあいしかできない存在として描き出されている。そして当然のことながらそのような議論の中では、ほんとうに希薄化が進んでいるのかどうか確認されることはないし、ある関係を「希薄」であると判断するための基準それ自体についても問われないままである。

（4）自己意識について

現代の若者の自己意識やアイデンティティを特徴づけるのに頻繁に用いられるキーワードは、自己愛、空虚、未熟の三つだろう。[10] これら三つはしばしば相互に関連づけて用いられもする。例えば、現代の若者は（家庭環境の変化、消費社会化の進行、社会の情報化等々の事情によって）幼児期の過大な自己愛を適切に切り下げることができない未熟な自己であり、その自己愛を傷つけられまいと引きこもったり逆に極端な行動で人々の耳目を集めようとするのだが、現実との適切な接触を持てないままなので内面には空虚を抱えている云々といったストーリーがそれだ。特に精神医学者を中心にこのような「説明」が繰り返され（例えば、小此木 2000: 178–181, 影山 1999, 香山 1999）、その中で若者は他人とのぶつかりあいをおそれるという意味でも、他者への真剣な対峙によって鍛えられていないという意味でも幼稚で脆弱な自己の持ち主として描き出される。[11]

またここでも携帯やネットなどのメディアとの関連が強調される。例えば影山は、二〇〇〇年に起きた佐賀のバスジャック事件を引き合いに出して次のように述べている。

「電脳空間、電脳ハイテク機器とはすぐれて、自己の病理と共振しやすく、幼児的万能感、自己の存在の希薄化を強化したり、場合によってはこれらを生み出す基盤となりかねない側面を有している。」（影山 2001:125）

メディアは自己愛・空虚・未熟をいわば増幅する装置として理解されているのである。

このような議論から引き出される処方箋は、容易に推測される通り、自己愛を適度に切り下げて「等身大の自己イメージ」（香山 1999:197）を作り出すこと、またメディアによってもたらされる万能感におぼれないこと等々であったりする。しかし、突出した事例はさておき、ほんとうにそのような空虚で未熟な若者が今日の日本に数多くいるのであろうか。またかりにそのように見える若者がいたとして、そのことは具体的に何らかの問題行動と関係しているのだろうか。

（5）道徳意識・社会意識について

おそらく若者についてのネガティヴな語り方の宝庫は、この道徳意識・社会意識に関わるものであろう。ここではしばしば繰り返される二つのポイントをとりあげてみたい。

一つは、他者への配慮の欠如であり、そこから生じるとされる公共性の衰退である。すなわち今日の若者は狭い仲間関係のうちに自閉する傾向を強めており、その結果として仲間以外の人々に対する感受性が極端に鈍麻しつつあるというのである。この感受性の鈍麻を示す例として頻繁に参照されるイメージが、公共空間での携帯電話を使用する若者であり、人前でいちゃいちゃするカップルであり、電車のなかでお化粧をする若い女性である（例えば、小原 2002）。のみならず最近ではこの種の「社会性」の衰弱が大脳のある部分が機能的に損なわれているためであるとか、またその機能的欠損はゲームや携帯メールによって引き起こされたものであるといった議論さえなされている（澤口・南 2000, 有田 2003, 森 2002, 2004）。

もう一つは、禁欲の衰退と意欲の減退であり、そこから生じる労働倫理の解体である。若者に対する最も率直な批判者である経済評論家・波頭亮の言葉を借りれば、今日の若者は「ラクをして大きなメリットを得たいというのが彼らの思考と行動の基本パターンで、ラクに手に入らないもののためには、決して大きな努力をしない」のである（波頭 2003:98）[12]。あるいは小此木は、かつて「モラトリアム人間」と自ら名付けたライフスタイルが、今や本来の意味（モラトリアム＝借金の返済猶予）を逸脱し、返済せずに済むならそれに越したことはないという「終りのないモラトリアムにその質が変貌してしまった」（小此木 2000:217）という[13]。また評論家・三浦展はそのような「働かずに金を得ることを当然視する退廃的な価値観」が、近年都市部のみならず地方においても蔓延し、地域社会を崩壊させつつあると論じている（三浦 2004）。

このような若者像は多くの大人たちにとっては「溜飲を下げる」ような効果を持っており、広く受け入れられているように思われる。だが、そのような「溜飲」効果をわきにおいて検討してみたときにどのような若者像が見いだされるか、一度は検討してみてもよいのではないだろうか。

以上、いくつかの否定的な語り口を具体的に見てきた。

念のために再度強調しておくが、私たちはこれらの批判が全面的にまちがっていると主張しようとしているのではない。これらの批判的な若者像にも妥当な点はあるだろうし、そうであるからこそ広く受け入れられたのだろうと思う。また私たちは、現在の若者のあり方の全体を肯定したり追認したりしようとしているのでもない。本書を読んで頂ければわかるように、私たちは私たちなりの視点から今日の若者の生き方や考え方に問題点を見いだしてもいる。にもかかわらず、上に示したような否定的な若者像が、あるいは否定的な若者像のみが受容され、現実の若者のあり方と照らし合わせて検討されることもなく一人歩きしているとすれば、それは当の若者にとってというよりもむしろ「大人」の側にとってこそ残念なことではあるまいか。いずれにせよ「大人」たちはやがて社会の行く末を若者たちに委ねて退場しなければならないのだから、その若者たちの中にネガティヴな要素しか見いだせないというのは不幸なことである。

さらにまたこのような否定的なイメージを用いてなされる若者批判が当の若者たちに届くかどうかも疑問である。ステロタイプな若者像をいくらバッシングしても、その言葉は切実な現実性をもったものとして若者たちの心を射ることはないだろう。むしろ彼らの最善の部分を探り当てようとする視線だけが、彼らに届く批判を練り上げることができるのではないだろうか。若者たちも自分たちがおかれた場所から彼らなりのやり方で世界に立ち向かっているのであり、その取り組みの深部に届く言葉を持ちうるかどうかが大人の側には問われているのである。

3　青少年研究会調査について

3-1　私たちはどのように調査を実施したか

はじめに確認しておいたように、本書の狙いはデータを用いて若者像を描き直すことにある。そこで本論に入る前に、本書で主として用いることになるデータについて簡単に紹介しておく必要があるだろう。

私たち執筆者を含む青少年研究会（代表・高橋勇悦・大妻女子大教授）は、特に都市部を中心とした若者の意識と行動の特性とその変化を明らかにするために一九九二年、二〇〇〇年、二〇〇二年に調査を行なってきた。本書ではその中でも比較を行ないやすい一九九二年調査と二〇〇二年調査のデータを利用する(14)。

この調査はどちらも東京都杉並区と神戸市灘区・東灘区に住む一六歳から二九歳の男女を対象にして行なわれた（誕生日の関係で三〇歳の回答者も含まれるが今回の分析では原則としてのぞいてある）。調査地として杉並区と神戸市を選んだのは、東西それぞれの大都市近郊に住む若者を対象とするためである。年齢について言えば、一六歳という年齢はそれが経済的な自由裁量の余地が広がる年齢であること、また二九歳という年齢は多くの若者にとって三〇歳が人生上の一つの区切りと見なされていることからこのように設定した。例えばフリーター人口は三〇代において大きく減少し、結婚の先延ばし期限も三〇歳におかれる傾向がある（ちなみに昨年（二〇〇四）話題になった「負け犬」も三〇代、未婚・子どもなしの女性と定義されている）[15]。

調査の概要を図表1-1にまとめて示しておく。なおアンケート調査後、対象者のうち一一名に対して面接によるインタビュー調査を実施した。

ここで一つ注意しておいてほしいことがある。それは、調査方法が郵送法（郵便による送付と返送）から留置法（調査員による訪問配布と回収）へと変更されているということだ。変更の理由は、一般に留置法の方が高い回収率を見込めるからであり、実際、二〇〇二年調査では回収率が大幅に上がっている（二二・一%→五五・五%）。このこと自体はもちろん望ましいことなのだが、それが回答状況に影響を与えている可能性も否定できない。二つの調査を比較する際にはそのことを念頭においておく必要があるだろう。

図表1-2から1-4に回答者の基本的なプロフィール（年齢・性別・職業）を示しておく。目立った変化としては

図表1-1　調査の実施概要

	1992年	2002年
調査委託機関	委託せず	輿論科学協会
抽出方法	層化2段抽出	層化2段抽出
調査方法	郵送調査法	訪問留置法
実施期間	1992年12月から1993年1月、1993年7月から8月	2002年9月から10月
有効回収票	1114	1110
有効回収率（%）	22.1	55.0

図表1-2　性別

	男性	女性
1992年	449	665
	40.3%	59.7%
2002年	492	606
	44.8%	55.2%

図表 1-3　年齢

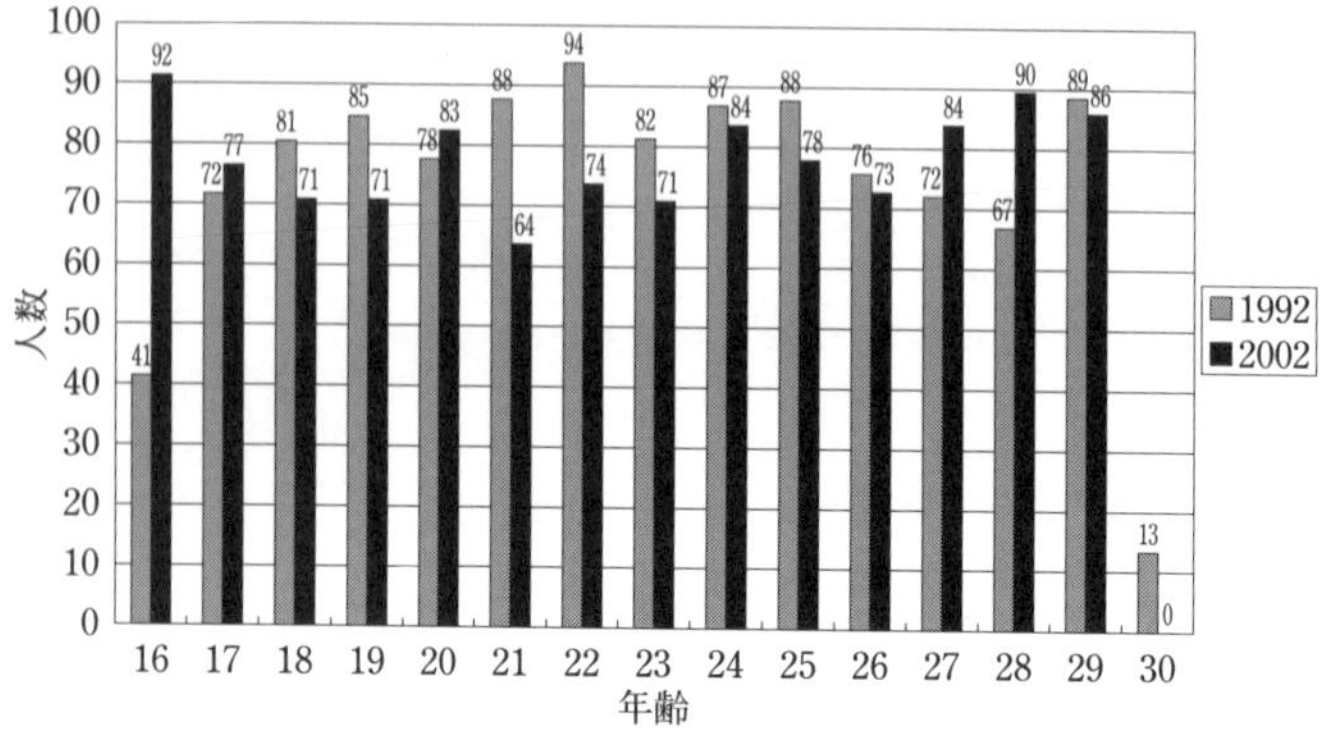

職業カテゴリーのうち「パート・アルバイト」に属するものが著しく増大したことを指摘できるだろう。

3-2　調査の内容

次に、この調査でどのようなことを尋ねたのか、説明しておこう。私たちは、調査を設計するにあたって以下に示すような五つの視角から今日の若者にアプローチしようと考えた。これらの視角の基本にある考え方は、様々な現象を社会関係の中に位置づけて理解してみようとする社会学的なそれだ。つまり、若者たちを今日あるようにあらしめているのは、彼らが取り結ぶどのような諸関係なのか、という問いかけが私たちの調査の基本的な構えとなっているのである。

具体的に言えば、これらの視角とは、友人関係、社会意識、自己意識、メディア利用、音楽生活の五つである。この五つを通して、今日の若者の姿を複眼的かつ構造的に理解することがこの調査の目的とするところだ。順番に説明していこう。

（1）友人関係

若者を取り巻く社会的な諸関係を大きく二つに区分するとしたら、顔の見える身近な人間関係とより大きくより抽象的な社会との関係とになるだろう。前者の身近な諸関係のうちこの調査において詳しく尋ねたのは、友人関係についてである。高校生・大学生を多く含むこの年代にとってはとりわけ友人との関係が重要なものに感じられているだろうと考えたからだ。

図表 1-4　職業（2002 年調査にあわせて再分類）

	1992 年		2002 年	
再分類した職業カテゴリー	度数	有効%	度数	有効%
1. 学生	448	40.4	461	42.3
2. パート・アルバイト	59	5.3	143	13.1
3. 給与所得者	488	44.0	340	31.2
4. 自営業者	35	3.2	31	2.8
5. その他	78	7.0	114	10.5
計	1108	100.0	1089	100.0

（2）社会意識

もう一つの関係、すなわちより大きくより抽象的な社会との関係について知るためにこの調査では、道徳意識・規範意識、日常生活における公私のバランスの取り方、将来展望などについて尋ねた。抽象的な社会はそれ自体としては目に見えないわけだが、それに対する距離の取り方や関係の持ち方について、それらの質問に対する回答から読み解こうと試みた。

（3）自己意識

以上のような社会的な関係を土台として、人は自分自身に対しても一定の関わりをもつ。それは、若者たちが自分自身をどのような人間であると理解しているか、自分達の行いや態度をどのように振り返っているか、そして自分自身をどのようにつくり変えていこうとしているかといったことを含んでいる。これを本書では自己意識に関わる質問項目と呼ぶことにする。

（4）メディア利用

様々な関係を具体的に維持していくためにはコミュニケーションを仲介する手段つまりメディアが必要となる。おそらく若者にとってもっとも身近なメディアは、友人関係を維持するために用いられる携帯電話やインターネットであろう。インターネットについて言えば、それは友人関係を維持するのみならず、新しく作り出すためにも用いられている。そういったメディアの利用形態についていくつかの質問項目を設定した。

（5）音楽生活

一般に文化的なシンボルは、諸個人をその文化を共有する集団へと結び付けるメディアであると同時に、その創造、使用や享受を通して自分自身を確認するという意味で、自分自身と関係するためのメディアでもある。そういった文化的シンボルの中でも私たちは音楽を主たる質問対象として選んだ。というのも多くの若者にとって音楽は生活の不可欠な一部、あるいは空気のようなものとなっているからだ。

以上が、一九九二年および二〇〇二年の調査を設計するにあたって私たちが採用した視角である。ただし本書の構成は、読みやすさを考慮して、音楽生活、メディア利用、友人関係、自己意識、社会意識という順番になっている。

4　十年間の変化の概略

すでに述べたように私たちは一〇年の期間をおいて二度調査を行っており、そのいずれにおいても上記の五つの視角を採用しているのであるが、その一方で具体的な質問内容についてはかなり大きな変更を加えてもいる。若者を取り巻く状況の変化などによって、不適切になってしまった調査項目や不足している質問項目が出てきたことや、同じ質問項目でもより洗練された文言に変えたことなどの事情があったためだ。

逆に二度の調査のいずれにおいても同じように尋ねた質問項目もある。そのような項目を本書では共通質問と呼ぶことにしたい。一〇年間の変化を把握する上で重要なのはまさにこの共通質問の諸項目である。そこで以下の章での各論に入る前に共通質問をまとめて紹介しておきたい。まずは最も単純な形での集計を図表1−5に示す。

これは音楽生活については「あてはまる」と答えたものの数を、他の四つの領域については四段

図表 1-5　共通質問への回答状況の変化

	質問文（2002 年）	1992 年 有効%	1992 年 全体	2002 年 有効%	2002 年 全体	増減	ソマーズの D 係数	
音楽生活	好きな音楽の CD を購入する（注 1）	69.2	1099	65.2	1096	−4.0	−0.039	n. s.
	月に 1 回は CD レンタル店を利用する	27.7	1099	32.1	1096	4.4	0.045	＊
	好きな音楽をテープ、MD、CD-R などに編集する（注 2）	71.4	1099	56.8	1096	**−14.6**	−0.147	＊＊
	年に数回以上はコンサートやライブに行く	27.1	1098	22.3	1096	−4.8	−0.049	＊＊
	年に数回以上は DJ ブースのあるクラブに行く（注 3）	7.5	1098	6.2	1096	−1.3	−0.013	n. s.
	月に 1 回はカラオケで歌う	46.4	1098	29.7	1096	**−16.7**	−0.167	＊＊
	バンド活動をしている	4.8	1098	3.6	1096	−1.2	−0.013	n. s.
友人関係	友だちといるより、ひとりでいるほうが気持ちが落ち着く	44.0	1110	46.0	1089	2.0	−0.018	n. s.
	友だちとの関係はあっさりしていて、お互いに深入りしない	44.7	1103	46.3	1087	1.6	−0.025	n. s.
自己意識	あなたは、今の自分が好きですか。それとも嫌いですか。	66.5	1111	70.5	1089	4.0	0.052	＊
	自分には自分らしさというものがあると思う	89.3	1111	85.9	1091	−3.4	−0.115	＊＊
	場面によってでてくる自分というものは違う	75.2	1109	78.4	1089	3.2	0.034	n. s.
	自分がどんな人間かわからなくなることがある	43.0	1109	45.9	1087	2.9	0.039	n. s.
	どんな場面でも自分らしさを貫くことが大切	69.2	1111	55.8	1083	**−13.4**	−0.161	＊＊
社会意識	現在の生活に満足している	63.3	1110	57.4	1095	−5.9	−0.062	＊＊
	日本の将来に強い関心がある	66.6	1108	50.3	1094	**−16.3**	−0.201	＊＊
	社会や他人のことより、まず自分の生活を大事にしたい	68.3	1108	79.5	1094	**11.2**	0.137	＊＊
	将来に備えて耐えるより、今という時間を大切にしたい	63.0	1110	61.4	1094	−1.6	−0.030	n. s.
	ブランド品を購入する（注 4）	46.1	1111	23.1	1093	**−23.0**	−0.325	＊＊
	新聞や雑誌の占いコラムを読む（注 5）	64.7	1109	45.4	1090	**−19.3**	−0.250	＊＊

各種記号の見方については章末コラムを参照

注 1　音楽生活（すべて二択の質問）については肯定的回答の比率。その他（すべて四択の質問）については肯定的な選択肢二つへの回答の合計の比率。

注 2 「好きな音楽をテープに録音する」（1992 年）

注 3 「年に数回以上ディスコに行く」（1992 年）

注 4 「ブランドものを身につけている」（1992 年）

注 5 「雑誌の占いコラムを読む」（1992 年）

階での回答のうち肯定的な回答二つ（「そうだ」＋「まあそうだ」等）を足し合わせた回答者数をそれぞれ有効パーセントで示したものである。右端の欄に一〇年間での増減を示し、特に一〇ポイントを超えるものについては太字で示してある。(16)

ただしここで注意してほしいのは、質問文が両調査で厳密に同じではないものもあるということだ。例えば、音楽生活で二〇〇二年に「好きな音楽をテープ、MD、CD-Rなどに編集する」という質問文があるが、これは一九九二年には「好きな音楽をテープに録音する」となっていた。この項目はマイナス一四・七％という大きな増減を示しているのだが、もしかすると「録音」に代えて「編集」という言葉を用いて尋ねたことが増減に影響しているのかもしれない。

また「ソマーズのD」というのは統計的な指標の一つで、簡単に言えば、一〇年間たったことでどれだけの変化が生じたか、その大きさを示すものである。この数値が大きいほど一〇年間の変化が大きかったということを意味している。(17)

まずソマーズのD係数が比較的高いものに注目してみよう。まず音楽生活では、好きな音楽を複製メディア（テープ、MD、CD-R等）上に編集する人が減ったこと、カラオケに行かなくなったことが目立つ。自己意識については、自分らしさがあると答える人が減ったこと、自分らしさを貫こうとする人が減ったことが目立つ。社会意識では、日本の将来への関心が目立って減少し、私生活主義が強まっている様子がうかがわれる。またブランド品を購入するという人の減少、占いコラムを読む人の減少も目につく。他方、変化していない項目も重要だ。例えば、友人関係の希薄化やひきこもり化、オタク化などがこの一〇年間に話題になったが、それを示唆する項目（「友だちといるよりひとりでいるほうが気持ちが落ち着く」「友だちとの関係はあっさりしていて、お互いに深入りしない」）には著しい変化は見られない。つまり危惧された変化はこのデータを見る限り起こっていないようである。こうして概略を見ただけでも先に紹介したネガティヴな若者イメージの妥当性に疑問符がつくように思われる。

以下の各章で、このような変化および、二〇〇二年の調査から読み取られる現在の若者の姿を描き出していこうと思う。その際には青少年研の調査データだけではなく、必要に応じて他のデータも参照することになるだろう。

最後にもう一度繰り返すが、ポジティヴなものの芽はすでに目の前にある現実の中にこそある。それどころかひどくネガティヴに見える現実の中にこそあるとさえ言えるかもしれない。もしかすると、若者がどうしようもなくだめに見えるまさにその場所でこそ肯定的な要素を見いだすことができるのではないか。そしてそのような肯定的な要素をふまえたときにはじめて若者に対して「大人」たちが感じる不満や不安は有効な批判として若者たちに届くのではないだろうか。

いずれにせよ本書を読み終えたとき、読者のみなさんの若者イメージが少しでも変化していれば、私たちの狙いはある程度達成されたことになる。

＊この調査は、文部科学省・科学研究費補助金（基盤（A）高橋勇悦・代表：二〇〇一年から二〇〇

三年）を得て行なわれた。したがって本書の内容も基本的な部分においてこれに負っている。なお、その調査の報告書は、文部科学省に提出されている。

註

（1）もちろん例外はある。例えば、宮台真司が「ブルセラ」論争やオウム真理教事件への論評などを通して提唱した「まったり」革命などは、若者に見られるライフスタイルを肯定的に捉えようとする数少ない試みの一つと言える（宮台 1994）。また中西新太郎の一連の仕事も、子どもや若者の消費文化やいわゆるサブカルチャーに内在しながら、共感的に彼らを理解しようとしている点で例外的なものであろう（中西 1998, 2001, 2004）。

ただし、最近になって宮台は「まったり革命」路線を撤回している。撤回にあたって宮台が理由（の一つ）としてあげているのが、「まったり」の行き過ぎによる歴史意識の欠如である（宮台 2003）。これを転向として批判するのはたやすいが、一度は「まったり革命」にコミットした彼が「あえて」歴史意識の欠如を指摘することの重みをきちんと受け止める必要があるだろう。

（2）このフィルターは、例えば、少年犯罪の悪化を報じる際の新聞の見出しに比べ、改善したときのそれが小さいなどといった形でも働くだろう。

（3）この他にも晩婚化・非婚化が少子化をもたらすといった議論、学習意欲の格差が階層格差と連動するといった議論なども、その議論の妥当性とは別に、ネガティヴな若者イメージを作り出す素材として用いられている。

（4）実際、日本のある政治家が、働こうとしない若者をイラクに送ったらどうかと提案したことは記憶に新しい。

（5）このような道徳的貶下が高じて、もはやあるべき姿（例えば勤勉な市民）への復帰が不可能であると見なされるとき道徳的かつ物理的な排除が行われることになるだろう。実際、酒井隆史によれば、アメリカ合衆国においては一九九〇年代以降セキュリティの名のもとにアンダークラス（下層階級の人々）が様々な局面で都市空間から排除されているのである（酒井 2001）。

（6）特にロックについてこのように言われることが多いように思われる。南田勝也は、ロック音楽を成り立たせている「場」を「アウトサイド指標」、「アート指標」、「エンターテインメント指標」という三つの軸によって構造化されるものとして分析しているのだが（南田 2001）、その図式から言えばこの種の批判はアウトサイド指標の後退に向けられたものと言えるだろう。

（7）ただし荷宮は別の本の中で2ちゃんねるから発生したあるイベントを取り上げ、そこに肯定的な要素を見出してもいる（荷宮 2003b）。匿名掲示板は差別意識や攻撃性を引き出し得ると同時に共感や善意をも引き出し得るのである。

（8）そういった側面の最もわかりやすい例は、書籍化もされ広く知られることになった「電車男」の物語を産み出した一連の過程であろう（中野 2004）。

（9）ネットや携帯が関係を希薄化するという主張は実に多くの人々によってなされているのだが、その中でもとりわけ興味深いのは人類学者・正高信男のそれだろう。正高は、若者の人間づき合いのあり方を「関係できない症候群」と名付けている。そして、

「その背景にあるのは、社会の高度情報化、端的にＩＴ化にほかならない。それを象徴化するのがケータイの流布である。」（正高 2003:119）

と述べ、社会的ジレンマ状況を用いた「実験」によってこの主張を立証しようと試みているのである。

（10）これらのキーワードは、いずれもハインツ・コフートやオットー・カーンバーグなどの精神医学の理論を背景にして用いられている。なお小此木は「空虚」という言葉ではなく、精神医学者エリック・

エリクソンに由来する「自己同一性拡散」という用語を用いている（小此木 2000）。

(11) 若者の「幼稚化」というのは多くの人が用いる表現である。例えば社会学者・土井隆義は「少年犯罪の凶悪化」というステロタイプなイメージを丁寧な作業によって見事に覆してみせるのだが、その彼でさえ少年は（凶悪化したのではなく）幼稚化・稚拙化したのだという結論に至ってしまうという事実は、この幼稚化というイメージがいかに根強く人々の認識枠組を拘束しているのかを示すもののように思われる（土井 2003）。この拘束は、成熟―未熟、大人―幼稚という軸がこれまでのようには自明視できなくなっているのではないかという問いかけを視野の外に追いやってしまう。

(12) 波頭は、その著書において若者に対して歯に衣を着せない批判を縦横に展開している。例えば彼は若者の行動を規定する三つの原則として、「頑張ること」の放棄、規範の拒否、安直な自己満足をあげている（波頭 2003:26）。他方、千石保のように、若者は、規範を拒否しているというよりも極度にパーソナルな規範に従うようになってきているのだという議論もある（千石 2001）。とはいえ、これも「新エゴイズム」と呼ばれていることから推測されるように、全体としてみれば否定的に評価されている。

(13) 教育学者・溝上慎一が現代の大学生について「自分探しはきつい仕事を避けたいがための言い訳となっているのではないか」（溝上 2004:182）と指摘しているのも、この終りなきモラトリアムという見方と軌を一にするものであるように思われる。
ただし大学生については近年まじめ化が進んでいるという教育社会学者・武内清らの研究が注目を浴び始めている（武内編 2003）。これは若者論の失われた十年の終りの始まりを告げる徴なのだろうか。

(14) 二〇〇〇年調査は首都圏大学生を対象とした調査で、二〇〇二年調査にむけてのプレテストとして実施された。

(15) 年齢の区切り方についてもう少し補足しておこう。人生の節目となるライフイベントに就職と結婚がある。前者について『平成一五年版国民生活白書』によれば、年齢層別フリーター人口は三〇代において大きく減少することが報告されている（内閣府編 2003b）。また、就職すべき年齢として若者たちが意識しているのも、二〇代後半までである（二〇代後半までに就職すべきとしているのは男性二二・九%、女性一〇・二%、他方三一歳以上と答えたのはどちらも一・二%にすぎない）。他方、後者について、『第一二回出生動向基本調査（独身調査）』によれば、結婚を先延ばしする傾向は二〇代後半の年齢層で大きく下がるという。また、結婚までの希望待ち年数も二〇代後半の年齢層でほぼ底をつく傾向が認められる（国立社会保障・人口問題研究所 2003）。つまり就職においても結婚においても三〇歳という年齢は若者たち自身によって重要な節目として認知されていると考えられるのである。

ただし、『国民生活白書』と『出生動向基本調査』のどちらも、この三〇歳という閾（しきい）が低まりつつあることを指摘している。すなわち、三〇代に入ってもフリーターを続ける人々、結婚しないでいる人々が増加しつつある。この傾向が続くならば次回調査ではこの年齢設定を再考しなければならなくなるかもしれない。

(16) 以下、本書では杉並・神戸両地域のデータを単純に合算した形で分析を行う。これは厳密に言えば統計学的な精密さをやや欠くのであるが、分析の分かりやすさを優先してこのような形にした。

(17) ソマーズのDについてはコラムも参照されたい。算出にあたっては、各共通質問に肯定的なものから高い点数を与えた上で、一九九二年に一、二〇〇二年に二という値を与えている。

文献

新井・岩佐・守弘　一九九三「虚構としての新人類論」小谷敏編『若者論を読む』世界思想社

有田秀穂　二〇〇三『セロトニン欠乏脳』日本放送出版協会

鮎川潤　二〇〇一『少年犯罪――ほんとうに多発化・凶悪化しているのか』平凡社

土井隆義　二〇〇三『〈非行少年〉の消滅――個性神話と少年犯』信山社

橋元良明　一九九八「パーソナルメディアとコミュニケーション行動」『メディア・コミュニケーション

論』北樹出版
波頭　亮　二〇〇三『若者のリアル』日本実業出版社
広田照幸　二〇〇〇『教育言説の歴史社会学』名古屋大学出版会
石田佐恵子　一九九八『有名性という文化装置』勁草書房
影山任佐　一九九九『「空虚な自己」の時代』NHKブックス
――　二〇〇一『自己を失った少年たち――自己確認型犯罪を読む』講談社選書メチエ
香山リカ　一九九九『〈じぶん〉を愛するということ』講談社現代新書
国立社会保障・人口問題研究所　二〇〇三「出生動向基本調査」
正高信男　二〇〇三『ケータイを持ったサル――「人間らしさ」の崩壊』中央公論新社
南田勝也　二〇〇一『ロックミュージックの社会学』青弓社
三浦　展　二〇〇四『ファスト風土化する日本』洋泉社
宮台真司　一九九四『制服少女たちの選択』講談社
――　二〇〇三「歴史を忘却する装置としての象徴天皇制」『新現実』2号、角川書店
宮台真司・石原英樹・大塚明子　一九九三『サブカルチャー神話解体』パルコ出版
溝上慎一　二〇〇四『現代大学生論』日本放送出版協会
森　昭雄　二〇〇二『ゲーム脳の恐怖』日本放送出版協会
――　二〇〇四『ＩＴに殺される子どもたち　蔓延するゲーム脳』講談社
内閣府編　二〇〇三『平成15年版国民生活白書』
中西新太郎　一九九八『情報消費社会と知の構造』旬報社
――　二〇〇一『思春期の危機を生きる子どもたち』はるか書房
――　二〇〇四『若者たちに何が起こっているのか』花伝社
中野独人　二〇〇四『電車男』新潮社

荷宮和子　二〇〇三ａ『若者はなぜ怒らなくなったのか』中央公論新社
――　二〇〇三ｂ『声に出して読めないネット掲示板』中央公論新社
小原　信　二〇〇二『ｉモード社会の「われとわれわれ」』中央公論新社
小此木啓吾　二〇〇〇『「ケータイ・ネット人間」の精神分析』飛鳥新社
酒井隆史　二〇〇一『自由論』青土社
澤口俊之・南伸坊　二〇〇〇『平然と車で化粧する脳』扶桑社
千石保　二〇〇一『新エゴイズムの若者たち』ＰＨＰ研究所
武内　清編　二〇〇三『キャンパスライフの今』玉川大学出版部
辻　大介　一九九九ａ「若者語と対人関係――大学生調査の結果から」『東京大学社会情報研究所紀要』57号
――　一九九九ｂ「若者のコミュニケーションの変容と新しいメディア」橋元・船津編『子ども・青少年とコミュニケーション』北樹出版
植村崇弘　一九九三「マーケッティング時代の『若者論』と若者たち」小谷敏編『若者論を読む』世界思想社

コラム　検定・ソマーズのＤ

【検定】

この本の中では「差がある」とか「差がない」（あるいは「関連がある」「関連がない」）といった

図表1-6　検定とソマーズのDの例

	1992年		2002年		増減	ソマーズのD係数	
質問文(2002年)	有効%	全体	有効%	全体			
自分には自分らしさというものがあると思う	89.3	1111	85.9	1091	−3.4	−0.115	＊＊差がある
場面によってでてくる自分というものは違う	75.2	1109	78.4	1089	3.2	0.034	n.s. 差がない

言い方をよくする。例えば、図表1-6を見てほしい。「自分らしさがあると思う」という質問に対する回答は九二年と〇二年とで「差がある」（あるいは調査年と「関連がある」）が、「場面によって出てくる自分というものは違う」という質問に対する回答は「差がない」。増減欄（マイナス三・四と三・二）をみると二つの質問の間にそれほど違いがあるとも見えないのに、なぜ片方については差があり、もう片方については差がないといえるのだろう。そもそも「差がある」とはどのようなことを指しているのだろうか。

まず注意してほしいのは、私たちの調査に限らず多くの社会調査が**標本調査**と呼ばれるものだということだ。標本調査とは、対象となる集団、例えば本書の場合であれば一六才から二九才の若者全員から何人かを選びだして回答してもらうという調査のやり方を指す。ここで対象者全員の集団は**母集団**と呼ばれ、そこから選びだされた回答者は**サンプル**（**標本**）と呼ばれる。このとき年齢や性別あるいは調査年等々によって回答に違いが見られたとしよう。この違いは、はたしてサンプルの人々にのみたまたま見られた違いなのだろうか、それとも母集団全体についてもそのような違いがあるのだろうか。

この問いに答えるために行われるのが**検定**という手続きだ。その手続きをごく簡単にみてみよう。例えば先の図表で、「自分には自分らしさがある」という項目に対して次のような二つの仮説を立ててみる。

仮説一：「九二年と〇二年とで母集団においても回答に違いがある」
仮説二：「九二年と〇二年とで母集団においては回答に違いがない」

このような場合、もし回答者が正しい手続きで選びだされていたならば、次の確率を計算することができる。すなわち、

仮説二が正しかったと仮定した上で、サンプルについてたまたまそのような違いが出てくる確率はどの程度か？

この確率があまりにも低かった場合には、仮説二を捨て去り（棄却し）、仮説一を採用することになる。つまり、サンプルに見られた違いはたまたまのものではなく母集団についても成り立つものだと考えるのである。では「あまりにも低かった場合」とはどの程度のことを指すのかというと、社会調査では習慣として五％もしくは一％を判断の基準にすることが多い。このような判断基準を**有意水準**と呼び、次のようなやり方で表記する。

＊　もしくは $p < .05$　（五％未満で仮説二を棄却し仮説一を採用）
＊＊　もしくは $p < .01$　（一％未満で仮説二を棄却し仮説一を採用）

また逆に仮説二を棄却することができない場合には、仮説一を捨てることになる。これを以下の記号を用いて示す。

n.s.（仮説二を採用、つまり違いがあるとは言えない。n.s. は no significance の略。）

このように、仮説二は検定によって棄却することを目指して設定された仮説なので、**帰無仮説**と呼ばれる。対する仮説一は**対立仮説**と呼ばれる。この確率の計算過程を正確に理解するためには**確率分布**、**正規分布**といった用語を知っておく必要がある。関心のある方は社会調査法や統計学の専門書にあたってみてほしい。

統計的分析の手法に応じて検定にも複数の種類があるのだが、代表的なものとしてカイ二乗検定やF検定をあげることができる（それぞれ第三章および第四章のコラムを参照）。ただし注意してほしいのだが、この検定が意味を持つのは、回答者が正しい手続きで母集団から選びだされている場合に限られる。正しい手続きにしたがっていない場合、検定は統計学的には無意味であり、サンプルから母集団について推測することはできない。

【ソマーズのD】

ソマーズのDとは、二つの質問項目間の関連をはかるための指標の一種。マイナス一から一の間の値をとり、絶対値が関連の度合いを、正負の符合が関連の向きを示す（似た指標として**相関係数**があるが、これについては第二章のコラムを参照してほしい）。例えば図の「自分らしさがある」という項目を見てみると、「マイナス〇・一一五」という値が入っている。これはマイナス記号によって一〇年間の間に減ったことを示し、「〇・一一五」という値によってその減り具合を示すものだ。

この指標は、特に次のような条件を満たす場合に用いられる。

⑴肯定から否定や数値の大小などを複数の段階で尋ねている

⑵二つの質問項目の前後関係が比較的はっきりしている場合

例えば、図表1-6の場合、調査年の違いは「自分らしさ」についての回答の違いよりも先にあると考えられるので、ソマーズのDを用いることが意味を持つ。

もちろんこの指標についても検定が必要であり、表のすぐ右に示されているのがその検定の結果だ。したがってこの表を見るときには、まず検定の結果をみて差があるとみられる値に着目し、ついでその値から変化の向きと程度を読み取るという順序になるだろう。

第二章　若者の音楽生活の現在

南田勝也

1　音楽をめぐる状況

1-1　音楽化社会

現代ほど、音楽が社会のあちこちに浸透している時代はない。それはいわば染みわたるように、若者の日常生活を取り巻いている。多くの若者は、自分専用の音楽再生機器を所有し、家のステレオやPCで、車内のカーステで、ヘッドホンとともに屋外で、音楽を聴いている。彼らが足を運ぶファッションビルや雑貨店では、店のニュアンスを伝えるためにオーナーが店内で流す音楽をセレクトしている。ゲームセンターの集客をのばすには、「DDR」系のダンスゲームや「太鼓の達人」などのサウンド系ゲームが不可欠である。プロスポーツの試合会場、遊園地、美術館、どこにいっても音楽の流れない場所はない。

また、特殊な技能もしくはハレの舞台でのお披露目としておこなわれてきた「人前で歌う」という行為は、カラオケという場をえたのち、飲み屋にいくことと同等レベルの日常的な社交行事となっている。若者はストレス発散のために、もしくは友人とのコミュニケーションを深めるために、「歌う」ことを意識するまでもなくカラオケに興じている。九〇年代から急速に成長したカラオケは、産業の発展としては頭打ちの現状にあるが、その代わりに急速に普及した携帯電話――代わりにというのは、若者の小遣いの使い道がカラオケから携帯電話料金に移行した現状を指している――にしても、普及のきっかけの一つは、着メロや着うたという音楽を「身にまとう」こととつながっている。音楽を「身にまとう」ことは八〇年代にウオークマンで実現されていたが、ヘッドホン端子で個人の内側に閉ざしていたその行為が、自分のセンスを誇示するかのように、着信メロディというかたちで外側に漏れでている。(1)

レコードコンテンツの売り上げに関しても、九〇年代は特筆すべき伸長を示した時代である。とりわけ九五年から九九年にかけては、長戸大幸や小室哲哉のプロデュース作品が一大ブームを迎えたこともあり、毎年四〇枚を超えるミリオンセラーが生まれた。その後の音楽産業は減退傾向にあるが、それでもオーディオレコード生産額は二〇年前の数字と比較して一・五七倍以上である。(2) さらに、あまり目立たないが有線放送も九〇年前後に大きく伸張している。(3) デパートで、喫茶店で、アーケードで、販売店で、ホテルのロビーで、さりげなく鳴り響いている音楽は、もはやその存在を意識しないでいいほどに日常化している。それは会話を、商談を、消費行動を促進すると思われているがゆえに、流されている。エレベーター・ミュージックの理想（Lanza 1994＝1997）が、日本では九〇年代になって実現されている。

ＮＨＫが〇二年におこなった調査『中学生・高校生の生活と意識調査』（ＮＨＫ放送文化研究所 2003：付 14）をみると、音楽に高い関心が払われている現状をうかがうことができる。高校生の「関心のあること」の項目では、「音楽」は四七・二％で、全一六項目のうちの三位である。一位が「友だちづきあい」二位が「将来のこと」と、生活そのものにかかわる項目なので、これは非常に高い順位といえる。「成績、受験」「スポーツ」「テレビ番組」「マンガ」「おしゃれ、ファッション」「世の中の動き」などの項目よりも、音楽に関心がもたれているのである。

こうした現状を、八〇年代末の段階で予測していたのが小川博司である。小川（1988：i）は、「社会的コミュニケーションの中で、音楽の占める部分が増大する過程にある社会」を「音楽化社会」と名付けている。「音楽化」とは、「近代化」などの包括的な変容概念よりはむしろ、「都市化」の含意に近い。マックス・ヴェーバーは、人々が合理的精神を内面化する過程を市民化と呼んだが、その主体的な契機を基礎づける客体的な生活空間の変容――ある地理空間が一定の人口に達し、商工業と市場が発展し、市民的な団体契約と行政権が確立していくプロセス――を「都市化」と呼んだ（Weber 1921＝1964、神谷 1994）。

すなわち、音楽化とはまず環境面の変容を指すのであり、技術革新やメディア環境の変化を基盤とする。このことは調査データからも裏付けされる。先述のＮＨＫ調査（ＮＨＫ放送文化研究所 2003：付16）によると、高校生のＣＤプレーヤーの所持率は、八七年には一七・八％だったのが、九二年には七一・五％となり急速に普及している。同〇二年調査では九二年と横ばいの七二・四％だから、まさに小川が提唱した時期に「音楽化」が一気に進展したことをうかがわせる。また、ポピュラー音楽の史的プロセスを見ると、この時期に大規模なバンドブームが生じ、中高生のバンド熱が上昇している（南田 2001：177）。比較的高価な楽器やエフェクターを購入してグループで演奏する行為が、特別な人たちの権利ではないという価値観が一般化するのは九〇年前後のことである。

現在、ｉＰＯＤの成功が象徴的に示しているように、ＭＰ３などのデジタルコンテンツや、シームレスなネット配信の普及によって、音楽化社会は、初発期を過ぎ成熟段階に入っているといえる。そのことによる、例えば人間の感覚の変容（「都市化」と表裏一体にある「市民化」に対応するもの）などの論題は、今後考えていく必要があるだろう[4]。

ただし、ここで注意しておかなければならないのは、音楽化社会とは、みなが音楽に注目し、日々の話題としてそれをとりあげる状況を意味しないことである。むしろそれは、音楽をもちいたコミュニケーションが、日常に埋没するほど自然化され受けいれられる状況を示している。

1－2　世代間ギャップ

逆説的なことだが、音楽化の進行は、音楽に関する言説を目立たなくしていく。音楽がそこにあるのはもはや当たり前のことであり、時代の象徴をひとりのミュージシャン、ひとつのムーブメントに求めることはできない。

かつてであれば「歌は世につれ世は歌につれ」の言葉通り、その時期の世相と流行歌の歌世界は重ねあわせて論じられていた。七〇年代には、団塊世代が安保闘争の敗北をきっかけに「公」を捨てて「私」にいたる経緯を、若者の歌に象徴させていた。そこでは例えば井上陽水の『傘がない』の歌詞が取りざたされた。若者の自殺増加を伝える新聞記事よりも、雨の降る日に出かける傘がないことを問題にする歌詞は、社会の出来事よりも自分の日常生活の大切さを表現した世代的宣言として受けいれられ、ミーイズムの台頭が語られた（三橋 1975:226-227）。また八〇年代には、松田聖子や中森明菜、おニャン子クラブなどのアイドルが時代の象徴とされた。音楽的には取るに足らないアイドルに擬似的に熱狂する若者の姿は、新人類世代もしくはポストモダン的なノリの姿を表象するとされたのである（稲増 1988）。現在、そうした言説はあまり目立たない。例えば浜崎あゆみのような旬のミュージシャンに、時代の意味を見いだそうとする試みもないではない（三浦 2000:182-199）が、そうした論が広く社会に共有されているとはいいがたい。

これは、一つには世代間ギャップをめぐる問題がある。今も昔も世代間ギャップは存在するが、かつては、年長世代のなかでも若者に近い立場にいる識者が、音楽の流行から、反映論的に社会状況を説明してきた。そこには、年長世代が必然的にもつ「いまの若者が分からない」という感覚と、「音楽が分かれば何とかなる」という感覚が投影されていたといえる。しかし今日、世代間ギャップを理解する場合に、「私には分からないが、〝ああいう音楽〟に熱中する若者は〝こうした意味〟をもつのだ」という納得の仕方ができなくなっている。それは、社会の音楽化にともない〝ああいう音楽〟が何かということを同定しづらくなっているからである。

音楽化は、音楽を伝えるメディアの多様化ということでもある。現在、世代を超えて共有されるメディアはテレビの地上波放送くらいになっているが、そこに頼るミュージシャンは減少している。Mr. Children、B'z、宇多田ヒカルらトップアーティストも、年末の紅白歌合戦やレコード大賞には基本的に出演しない。(5) かつて吉田拓郎や松任谷由実などニューミュージック系のミュージシャンも、テレビ出演は拒否していたものの、アイドルや演歌歌手などテレビ媒体を重視する歌手に楽曲を提供することで、知名度と楽曲の浸透度は保っていた。しかしいま、そうした歌手の出演する番組自体が少なく、『ザ・ベストテン』のような大衆娯楽を意識したチャート番組も威勢を欠いている（現在深夜枠で放送中の『カウントダウンTV』はチャート番組だが、ベスト一〇〇を手短な時間でオムニバスとして紹介する役割に徹している）。その代わりにセグメント化されたマーケットが発達し、外資系ショップやインターネット、衛星放送などを利用した広報網に移行しつつある。ミュージシャンにとって、テレビに出演することの威光効果は減少している。また、メジャーレーベルでトップセールスを記録することがポピュラリティ獲得の条件という時代も終わりをむかえている。インディーズのCDだけで二〇〇万枚を売り上げたMONGOL800は若者に絶大な人気を誇るが、その音楽がどんな内容なのか知っている年長世代は少ない。

美空ひばりを聴いていた世代は、テレビのブラウン管に映る松田聖子の歌唱をみて、あんな下手な歌のどこがいいのかと、若者世代との断絶を嘆いた。現在では時代のトップミュージシャンがテレビに映らない以上、かつてのようにディスコミュニケーションを嘆くというコミュニケーションのありかたもとりづらくなっているのである。結果として、見えない若者を、ただ見えないと指摘するにとどまっている。

1-3　細分化と平準化の言説

現在、若者と音楽に関して、もっともよく聞こえてくるのは「若者が何を聴いているのか分からない」という意見である。世代を超えて共有する音楽はもはやなく、若者の趣味嗜好は把握しきれない。それどころか、若者自身が、隣の席のクラスメイトの好みをとらえきれていない状況にある。その原因は「細分化」に求められる。九〇年代から、細分化の事態が取りざたされるようになった。細分化の言葉が説得力をもつように思えるのは、かつてであれば若者が好む音楽を何とかして知りたいと思っていた社会の欲望が減退し、音楽に時代を見ることを断念するようになったことと関わりがある。例えば戦後五〇年の歌謡曲をレポートした新聞記事では、以下のように結ばれている。

かつて流行歌は、家族そろって聴かれ、ヒット曲は子どもから年寄りまで知っていた。今、歌のジャンルはファン層にあわせて細分化した。ヘッドホンステレオやカラオケの普及は、ますます歌を個の世界に引き込んでいくように見える。三十年後、五十年後に、最近の流行歌を聴いて、どれだけの人が時代の共感を覚えるだろう。戦後のヒット曲に自分の「あのころ」を重ね合わせながら、そんなことを思った。（朝日新聞一九九五年一〇月二四日夕刊）

また、ニューミュージックや歌謡曲やアイドルといったジャンル概念が通用しなくなった――年長世代にとって理解不能になった――ことを、紅白の人気衰退と重ねて評した記事もある。

九五年、そうした「ジャンルとしての理解」も、もはや通用しなくなった。七〇年代ソウルなど過去のポップスを自在に引用して「渋谷系」などとも呼ばれる小沢健二、四分音符のバスドラムを強調するハウスビートのtrf、ラップを日本流に消化したEAST END×YURI。そんなふうにジャンルを分類してみたところで、一定の年齢から上の層には、もはや理解不可能だろう。（中略）千年一日のごとき演歌歌手と、高齢者にはもはや存在そのものが理解不能なミュージシャンとが共演する、極めて非日常的なステージ。「家族全員で楽しめる国民番組」という、紅白に課せられた理想を忠実に目指せば目指すほど、ステージの違和感は大きくなってしまうのだ。（『週刊アエラ』一九九五年一二月一八日号）

これらの記事が掲載されたころから後の数年間は、前述したように、音楽業界が好景気に恵まれてミリオンセラーが頻発した時期にあたるが、そのあとも「売れたところで顔は見えない」感覚はつづいていく。一つには、CD商品の売り上げサイクルが九〇年代以降非常に早くなり、瞬間的にミリオンセラーを記録しても数ヶ月後には売れなくなるパタンに入ったことがある。要するに、世間が認知する前にその曲のピークはすぎてしまうのである。阿部勘一は、そのような売り上げサイクルになる背景を、「音楽の消費行動が、ブランドとしてのアーティストに深くコミットして消費するという行動が主流ではなく、むしろ、音楽そのものを快楽的に消費したり、コミュニケーション・ツールとして消費するなど、コミットの度合いは浅い」（阿部 2003:52）ことにあると説明している。

若者の消費行動は、細分化するとともに、価値の重みづけのない関与度の薄いものになっているとの指摘――ここではそれを価値の「平準化」と呼ぶ――は、多方面でなされている。例えば九四年の『夢・笠置シヅ子とドリカム』と題された新聞記事には、大ヒットするDREAMS COME TRUE（以下ドリカム）を、かつての松任谷由実（ユーミン）のヒットと対照させて、三人の識者のコメントが掲載されている。

まず稲増龍夫は、学生に好きなアーティストを聞いた結果を集計して一〇年間の動向を調べたところ、特定のアーティストに多数の支持が集まりにくくなっている現状を指摘している。これを若い世代の細分化の表れと見ている。稲増は「ドリカムはもはや特定の世代や階層の支持母体を持たない。ある時代や社会の共通の価値観、特定の世代の価値観を代弁しない。社会と音楽との蜜月関係がもう成立しない時代なのです」「現代の細分化された文化は、いくら大ヒットになっても浸透する力が弱い」とコメントしている。

また、宮台真司は、世代を通した連帯感がもはや喪失した現状を、ドリカムの歌世界に重ね合わせつつ、「ユーミンらが示してきた相互理解や自己の向上を前提とする恋愛ストーリーよりも、今はシンデレラ・エクスプレスのテレビコマーシャルのような、一瞬の情景の方が好まれる。何事にも没入せず、ロールプレイングゲームのように断片を張り合わせて『快』を生み出し、自己の統一性、統合性を求めない現代の若者のアイデンティティのありようにも関係する。その反映が、一瞬の情景のパッチワークともいうべきドリカムの歌です」と、価値平準化の状況を指摘している。

そして橋爪大三郎は、歌の素材が記号性を失い、情景のなかの静物と化す時代を、コンビニエンスストアに重ね合わせて、次のようにコメントしている。「本来は単身生活者を対象にしていたはずのコンビニに、家を抜け出した子どもたちがフラリとやってきて、スナックを買い、雑誌に読みふける。そこではスナックや雑誌はもうコミュニケーションの道具にはなり得ない」（以上三者コメント、朝日新聞一九九四年八月四日夕刊）。

三人の社会学者が当時実感としていたのは、淡々とした若者、文化に対する浅い好奇心と平準化した商品群をただ消費する若者像である。また、現場で活躍する業界人にも、そのような感覚は共有されている。音楽雑誌『SNOOZER』の編集長、田中宗一郎は、『アエラ』誌の取材に対して以下のような分析を示している。

田中さんは、現代は「よい音楽とは何か」の基準が失われた時代だとみる。六〇年代なら「楽しさ」、七〇年代なら政治や社会性を反映した「リアリズム」、八〇年代半ばまでは「新しさ」といった価値があった。しかし、ＣＤの時代になり、過去の音楽も最新の音楽も平等に並ぶようになると、それは意味を持たなくなる。その結果、カタログ的な音楽の見方や、生活と遊離した趣味人や好事家を相手にしたような音楽評論ばかりになったと感じている。（『週刊アエラ』一九九九年六月二一日号）

こうしてまとめられる九〇年代。細分化の進行はおそらく事実である。音楽化によって選択肢は広がり、嗜好は分散していった。ただし、平準化が進行したのかどうか、それに関しては、いま一度検証の必要があると感じる。細分化（＝音楽の受容が細かく分かれた）とは状況を説明する語彙だが、平準化（＝横並びで差異を感じなくなった）とはリスナーの意識を説明する語彙だからである。つまり、細かく分かれた趣味のエリアがあちこちに点在している状況が若者文化の現在であるとして、そのエリアの間に差異の感覚はないのか、本当に過去の音源も現在の音源も並列的に消費されているのか、について検証してみる必要がある。データを蓄積して検討していくことは、ひいては「若者の姿が見えない」社会のジレンマへの解消にもつながっていくであろう。

2　データから見えること

ここからは、青少年研究会二〇〇二年度調査（一部一九九二年度調査と比較検討）の集計結果を見て、前節で挙げた諸点をひとつずつ検討していきたい。まず本節では、単純集計結果を見ることによって、音楽化の現状と細分化の様相を俯瞰する。

2-1　音楽生活の現状――生活への浸透と消費の節約

若者の日常生活に音楽が浸透していることは、さまざまな側面から確認できる。まず、ほかの作品文化と比較した場合、音楽は突出した人気を集めている。「文学」「音楽」「演劇」「お笑い」「アート（絵画・彫刻など）」「テレビゲーム」「マンガ」「アニメ」「映画」「テレビドラマ」の一〇種類の作品文化カテゴリーから好きなものを三つまで選んでもらったところ、一番好きな作品文化に「音楽」を選んだ若者の割合は群を抜いていて（三七・四％）、つぎに多い「映画」（一五・七％）との間には大きな開きがあった。また、二番目に好きな作品文化でもやはり「音楽」の割合はもっとも高い（二一・九％、二位の「映画」は二〇・〇％）。多岐にわたるメディア回路を通じて、多様な娯楽芸能・芸術・サブカルチャーに接近できる現在だが、能動的にも受動的にも摂取でき、耳で聴く作品文化のほとんどがそのカテゴリーに入る音楽の人気は、やはり別格なのである。

同様のことは、音楽への愛着やこだわりについてたずねた設問からも確認できる。「音楽を聴くのが好きだ」という意見に自分があてはまるかどうか聞いた質問に対して、肯定的回答（そうだ＋まあそうだ）は実に九五・九％を占めた。若者層のほとんどが、音楽を好んで聴取している。また、「音楽は自分のライフスタイルだ」という意見にも、六割弱の若者が肯定的回答を示している（五七・八％）。音楽が生活に密着していると感じる若者は多い。「特定の音楽についてくわしく知っている」については、四四・五％が肯定的回答を示した。半数弱の若者は、特定の音楽に対する知識を有しているわけである。さすがに「音楽を創るのが好きだ」になると、肯定的回答一三・七％と数字は減るが、何らかの形で音楽を創作する志向をもつ若者が、全体のなかで七人にひとりの割合でいるということは十分に多い数字とみてよいだろう。〝受け手〟が〝送り手〟になりやすいことも、音楽文化の特徴といえる。

しかしながら、音楽と密に接しているものの、若者は音楽にあまりお金を使っていない。月額の平均音楽代（CD・ライブ）をみると、過半数の若者が二〇〇〇円以下に留まっている（五三・二％）。これは平均的な邦楽CDアルバム一枚分（三〇〇〇円前後）にも満たない金額である。さらにそのうち一二・〇％は〇円と回答している。

また、音楽にかかわる消費行動をみると、九二年度調査のデータと比べて、CDの購入（九二年六九・二％→〇二年六五・二％）、複製メディアへの編集（九二年七一・四％→〇二年五六・八％）、ライブへの参加（九二年二七・一％→〇二年二三・三％）、カラオケの利用（九二年四六・四％→〇二年二九・

七％）など、多くの項目の数値が減少している。上昇傾向にあるのはレンタル店の利用（九二年二七・七％→〇二年三一・一％）くらいで、あとは軒並み数値が下がっている。とくに複製メディアへの編集とカラオケの低下が著しい(6)。

以上の結果からは、一見して矛盾する、近年いわれだした時事的な状況、つまり音楽産業が喧伝するプラスのセールス・メッセージ（No Music, No Life）と、音楽団体が話題にするマイナスの動向（CDが売れない時代）が併存する事態を読みとることができる。これまではどちらか一方の側面が強調されるきらいがあったが、しかしデータは双方の側面が並立する状況を示唆しており、聴取にお金を使わない音楽消費のスタイルが一般化している状況がうかがえる。

お金をかけない音楽消費の代表的な方法としては、これまでにも仲間内でのCDの貸し借りや、レンタル商品のテープへのダビング、ラジオやテレビの無料聴取などの方法があったが、近年ではそれ以外にCDをCD-Rに〝焼く〟（＝コピーする）方法や、MP3ファイル形式に変換してパソコンやネットワークに保存する方法などがあげられる。私たちの調査では、とくにMP3ファイルに注目した設問も設けたが、MP3の認知度自体が調査時点には低かったこともあり、MP3をそれと知って使用する利用者は多くはなかった（一五・五％）。なお、第一章で話題にした、ファイル交換を目的にしたP2Pソフト（WinMXなど）の利用者は、回答者全体のわずか二・九％に過ぎず、全体の音楽生活への影響は感知しがたい結果になった。

ただし、調査回答者を対象に後日おこなったヒアリング(7)によると、デジタル形式に変換された音楽を、それとは知らずに聴いている例が数件あった。MP3などの新しい技術、新しい作品聴取の方法が、意識されることもなく社会に流通している状況が、少なからずあることを想定できる。そしてこうした状況が、まさに現在の音楽化＝日常生活への浸透＋金銭をかけなくていい状態を示唆しているのである。

2-2 ミュージシャンの好み——細分化と包摂化

前節1-3で引用した稲増龍夫は、自身の講義の受講生に毎年おこなっているアンケート結果から、細分化の現在をみようとしたのであった。一〇年前なら、支持されるミュージシャンの名前はある程度の偏りを示していたが、現在はまったくばらばらで、細かく分かれてしまっている。この現象と同様のことを、私たちのデータからもうかがうことができる。

私たちの〇二年度調査では、好きなミュージシャン三名（組）までを、自由記述形式で聞いている。その結果、調査対象者全一一〇〇名中九七五名が、設問欄の一～三ヶ所にミュージシャン名を記入し、全六八一名（組）、のべ二五七九名（組）の固有名詞があげられた。その結果、もっとも多かった回答が宇多田ヒカルで、一〇〇名の若者の票を集め、二位の浜崎あゆみが九八票、三位のMr. Childrenが九五票であった。ヒットチャートの常連が上位を占めているが、トップの宇多田ヒカルでも得票率は九・一％である。

そして何より注目すべきは、一票しか名前が挙がらなかったミュージシャンが四〇九名（組）、同二票が一〇一名（組）であり、全六八一名（組）の固有名詞のうちの約七五%が、一人ないし二人からしか票を得ていない点である。九〇年代以降の音楽業界を総合的に見たとき、九〇年代以前よりシングルとアルバムの売り上げ枚数は上昇しているが、こうして好きなミュージシャンの固有名をたずねたときには、細かく分散していることを指摘できる。

さらにこの事実は、これまで音楽を説明するときに用いられてきたジャンルによる把握を難しくする。九〇年代初頭、宮台真司ら（宮台・石原・大塚 1993:56–134）は、定量調査による結果から、音楽の「ジャンル概念が失効している」事実を説き、なおかつ「ジャンルはシンボルとしてはいまだに有効に機能している」現状を俯瞰した。そこでは、あらかじめ選択肢として用意したジャンル選好設問の、回答数の多かった四ジャンル「ニューミュージック」「ロック」「ポップス」「歌謡曲」と、他の項目との相関が検討されている。そこから、（普段リスナーがジャンルを意識して音楽を聴いていなくても）ジャンル名に仮託する音楽への期待がなおも存在していることを立証している。

ただし、この分析手法は、シンボリックな形式として機能する大ジャンルが存在してはじめて有効になる。宮台らが調査した九〇年の時点では、まだ「ニューミュージック」「歌謡曲」は、日本の戦後若者音楽をシンボライズするジャンル名として機能していた。しかし、現在の若者に、それらのジャンル名が意識されることはない。いま、「ニューミュージックを好きですか」と若者に問うても、「ニューミュージックってどんな音楽を指すのですか」と逆に質問されてしまうだろう。

私たちはそのような現状を考慮して、あえてジャンルの好みを聞くことをやめた。これはジャンル概念が現在では完全に失効していると判断したためではない。むしろ、現在ではどのようなジャンル名が大ジャンルとして機能しうるのか探求するところからはじめなくてはならないと判断したからである。

そこで私たちは、記入されたミュージシャン名を頼りに、手作業でジャンル分類を試みることにした。その方法は、音楽産業がおこなう分類を参照して、名前の挙がったミュージシャンに合致するジャンルを特定していくという手法である。サイモン・フリスによると、音楽ジャンルを定義するやり方は「産業の生み出した区別にしたがう」のが基本である。なぜならそれは、「音楽史とマーケティングカテゴリーの双方を反映する」からである（Frith 1987: 133–149）。その区別がすべての領域に該当するとはいえないまでも、音楽産業が歴史的につちかわれてきた様式や流儀に忠実であり、またある程度まで聴取者の方向付けをおこなっていることは事実である。

作業において私たちは、Web 上の音楽情報検索サイト「Listen Japan」（http://listen.co.jp/）、ならびに「OngakuDB.com」（http://www.ongakudb.com/）を参照した。これらは数ある検索サイトのなかで代表的なものであり、市場で流通しているジャンル概念を用いるという方針に合致しているだけでなく、メジャーからマイナーまで幅ひろく網羅されたミュージシャン（および作品）がジャンル別に整理されている点でも有用であった。これらを相互参照し、判断の難しい場合は南田勝也・木島由晶両名の討議を重ねて(8)、一人ひとりのミュージシャンを割り振るという作業をおこなった。結果的に、全三六ジャンルを抽出し、中ジャンル一八分類に弁別した。以下、ジャンル名と票数、得票数の多かったミュージシャン三名（組）を列挙する。

01	ロック／ロックンロール（325）	Mr. Children（95）、The Beatles（29）、尾崎豊（14）
02	パンク／メロコア（159）	MONGOL800（47）、THE BLUE HEARTS（22）、GREENDAY（16）
03	ハードロック／ヘヴィメタル（131）	B'z（65）、BON JOVI（21）、AEROSMITH（14）
04	ヴィジュアル／ゴス（147）	GLAY（56）、L'Arc〜en〜Ciel（21）、BOOWY（13）
05	オルタナティヴ／ミクスチャー（115）	Dragon Ash（21）、椎名林檎（15）、RED HOT Chili Peppers（10）
06	ポップス／POP（350）	aiko（34）、DREAMS COME TRUE（33）、Every Little Thing（33）
07	R&B／ソウル（338）	宇多田ヒカル（100）、MISIA（68）、平井堅（41）
08	ダンス／ユーロビート（203）	浜崎あゆみ（98）、BoA（25）、安室奈美恵（21）
09	ネオアコ／カフェミュージック（67）	SPITZ（28）、EGO-WRAPPIN'（6）、BONNIE PINK（3）
10	ラップ／レゲエ（96）	RIP SLYME（28）、KICK THE CAN CREW（9）、Bob Marley（7）
11	クラブ／テクノ（43）	bird（5）、FISHMANS（4）、Underworld（3）
12	ニューミュージック／フォーク（190）	サザンオールスターズ（52）、ゆず（23）、山崎まさよし（14）
13	アイドル／歌謡曲（144）	Back street Boys（32）、SMAP（18）、モーニング娘。（15）

14 アニメ／声優（22）　菅野よう子（4）、See-Saw（2）、坂本真綾（2）
15 クラシック（作曲家・指揮者・演奏家）（115）　ショパン（14）、バッハ（11）、ベートーヴェン（10）
16 ジャズ／フュージョン（33）　Ella Fitzgerald（2）、Keiko Lee（2）、小林桂（2）
17 ニューエイジ／ヒーリング／映画音楽（70）　Enya（20）、坂本龍一（8）、久石譲（5）
18 伝統音楽／民族音楽（ブルース、島唄、非西洋圏ポップス含む）（31）　元ちとせ（5）、SHAKIRA（3）、BEGIN（2）

＊カッコ内は人数

これを見ると、いくつものジャンルが枝分かれし、またさまざまなテイストやスタイルが受容されている現状をうかがうことができる。パンクやラップやR&Bが多数の票を集めることは一〇年前なら予想もつかなかったことであり、これは多様にシンボライズされた音楽を市場が要求し、創り手もその形式に応じた音楽を生産している現状を示唆している。あるいは、情報学的なデータベース化の進行が（悪くいえば）分類のための分類という状況をうながしているといえるのかもしれない。

ただし、例えば01〜09の高得票数の邦楽ミュージシャン名を眺めると、その固有名が「Jポップ」のカテゴリーにひとくくりにされている現状を指摘することもできる。(9) 現代日本のポピュラー音楽は一〇年前よりも細分化しているがゆえに、便宜的なJポップの用語に包摂される状況が生まれている。細分化と包摂化は、表裏一体の現象なのである。（私たちがストレートにどの音楽ジャンルが好きかとたずねなかったことには、Jポップとして包括されがちなカテゴリーの内実を把握するためという理由もある）。ここで区分けした音楽ジャンルや好みに関連した分析は、次節3‐3でおこなうこととしたい。

3　音楽への関わりの強弱

現在若者の日常生活と音楽は切っても切れない関係にあり、さまざまなスタイルの音楽が生まれ、受けいれられている。これらの概観から、「音楽化」と「細分化」の現状について指摘することができる。では「平準化」についてはどうだろうか。本節では、音楽を受容するさいに差異の感覚がもたれているかどうかを知るために、若者の音楽へのコミットメントの度合いをはかり、関わり方の強弱によって音楽生活にどのような差があるかを検討する。

3‐1　コミットメント尺度

前節2‐1で示した設問「音楽を聴くのが好きだ」「音楽は自分のライフスタイルだ」「特定の音楽についてくわしく知っている」「音楽を創るのが好きだ」の四項目は、調査設計の段階で、それぞれ「音楽のリスナー」度、「音楽のファン」度(10)、「音楽のマニア」度、「音楽のクリエイター」度を測ることを目的として設定したものである。これらの項目は、それぞれ位相の異なる音楽文化へ

図表 2-1　コミットメント尺度

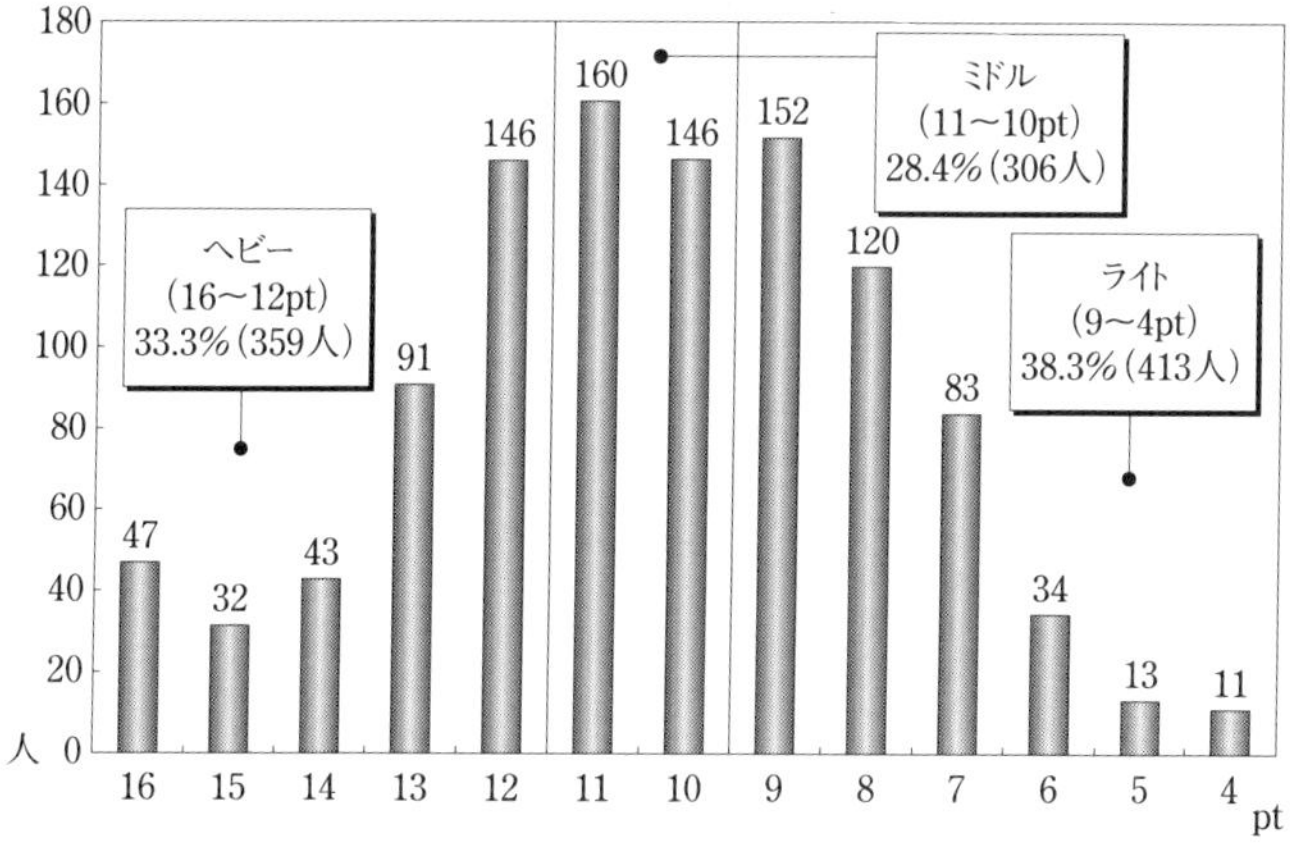

N＝1078

の関わりの度合いを示している。

そこで、四項目の選択肢を、「そうだ」＝四点、「まあそうだ」＝三点、「あまりそうでない」＝二点、「そうでない」＝一点と得点化して総和を求めた。その結果、一六〜四ポイントの得点分布が得られた（有効回答数＝一〇七八票、平均＝一〇・四、標準偏差＝二・七八、信頼性尺度：クロンバックのα＝〇・七六）。数字が増えるごとに音楽文化に積極的に関わっていることを示すこの尺度を、以下「音楽コミットメント尺度」と呼ぶ[11]。なお分析では便宜性を重視し、音楽コミットメントの強い順に「ヘビー」（一六〜一二点）、「ミドル」（一一〜一〇点）、「ライト」（九〜四点）と操作的に三分割したうえで用いる（図表２-１）。

はじめに、どのような若者が音楽に強く関わっているのかをみよう（図表２-２）。基本

図表 2-2　コミットメント尺度×基本属性

属性＼コミットメント尺度		ヘビー(16〜12pt) 33.3%(359人)	ミドル(11〜10pt) 28.4%(306人)	ライト(9〜4pt) 38.3%(413人)	全体 100%(1078人)	検定
平均年齢（歳）		21.9	22.3	23.4	22.6	***
性別(%)	男性	50.8	37.3	45.4	44.9	**
	女性	49.2	62.7	54.6	55.1	
職業(%)	生徒・学生	48.2	44.9	35.6	42.5	**
	パート・アルバイト	16.3	10.5	12.0	13.0	
	給与所得者	25.1	31.1	36.4	31.1	

平均年齢はt検定、その他はχ^2検定：*** P<0.001、** P<0.01

的な属性との相関を調べた結果、年齢、性別、職業に関してはいずれも有意差がみられた。

まず年齢をみると、音楽コミットメント・ヘビー層とライト層との間が平均一・五歳以上離れていて、音楽に関わりの強い若者の方が、年齢が低い。つぎに性差をみると、ヘビー層における男性の割合の高さが目立っており、この層のみ男性が女性をリードしている。女性はミドル層が多く中間的といえる。また、職業においては生徒・学生にヘビー層の割合が高く、給与所得者ではライト層の割合が高くなっていて、時間にゆとりのある若者ほど、音楽への関わりは強くなる傾向にある。

3-2　選好の違い

音楽への関わり方によって、若者の行動と意識には以下のような違いが確認される（図表2-3）。

まず音楽の情報収集においては、音楽コミットメント・ヘビー層が、ほとんどの項目で全体の平均値を上回ってい

図表 2-3　コミットメント尺度×各種音楽設問

	質問	ヘビー	ミドル	ライト	全体	選択肢	検定
情報摂取	雑誌	59.3	49.7	32.4	46.3	あてはまる	***
	ラジオ	39.8	35.6	29.3	34.6	〃	**
	テレビ	80.5	89.5	81.6	83.5	〃	**
	インターネット	34.5	17.0	14.5	21.9	〃	***
	CD ショップ	65.7	57.5	39.2	53.2	〃	***
	カラオケ	20.6	22.5	15.5	19.2	〃	*
	ディスコ・クラブ	5.0	2.9	0.7	2.8	〃	**
	フリーペーパー	9.7	4.6	2.9	5.7	〃	***
	知人友人	62.1	51.6	40.4	50.8	〃	***
行動	好きな音楽の CD を購入する	79.9	67.6	50.4	65.2	〃	***
	月に1回はCDレンタル店を利用する	40.9	33.7	22.3	31.8	〃	***
	好きな音楽をテープ, MD, CD-R 等に編集する	73.3	59.8	40.4	57.0	〃	***
	年に数回以上はコンサートやライブに行く	37.9	20.9	10.2	22.5	〃	***
	月に1回はカラオケで歌う	36.8	35.0	19.9	29.8	〃	***
金額	2,000 円以下	34.0	50.3	72.6	53.4	〃	***
	2,001 円以上 4,000 円以下	24.5	31.7	20.6	25.0		
	4,001 円以上	40.1	17.3	6.8	20.9		
音楽とは何か	教養として大切なもの	5.3	2.9	2.9	3.7	もっともあてはまる	***
	自分を表現するもの	17.8	4.2	3.1	8.3		
	雰囲気を作ってくれるもの	11.1	24.5	30.8	22.4		
	自分を励ましてくれるもの	20.3	24.2	16.9	20.1		
	疲れをいやしてくれるもの	14.2	21.6	23.5	19.9		
	勉強や仕事をはかどらせてくれるもの	3.1	3.3	7.7	4.9		
	空気のようなもの	25.3	16.7	10.4	17.2		
	自分と仲間を結びつけてくれるもの	1.1	1.3	1.7	1.4		

数字は%。χ^2 検定：***$p<0.001$、**$p<0.01$、*$p<0.05$

る。テレビやラジオ、CDショップなどの視聴する情報源だけではなく、雑誌やインターネット、フリーペーパーなどの〝読む〟メディアからも積極的に情報を収集している。そのなかで、テレビに関しては、ミドル層、ライト層より相対的に低い数値となっていることは注目できる。万人向けのテレビでは音楽情報として十全ではないとするヘビー層の志向を垣間見ることができるからである。

音楽行動においても、ヘビー層は突出している。とくにCDの購入と、好きな音楽の編集の項目について、その他の層との偏差が大きい。これはつまり、コンスタントに音楽を聴いているかいないかという違いである。音楽への関わりの強さは、一ヶ月の平均音楽代にも如実に表れていて、二〇〇〇円以下の比率はライト層が、二〇〇一～四〇〇〇円ではミドル層がもっとも多く、ヘビー層になると四割強が四〇〇一円以上を音楽に費やしている。以上の結果から、音楽に強く関わる若者ほど音楽の情報や資源をたくさん蓄積していることがうかがえる。

さらに、音楽観にも違いがみられる。「あなたにとって音楽とは何でしょうか」とストレートに尋ねたところ、ライト層では、「雰囲気を作ってくれるもの」「疲れをいやしてくれるもの」「勉強や仕事をはかどらせてくれるもの」という受動的な回答が目立つ。いわゆるBGMとして、イージーリスニングの感覚で音楽をとらえているのである。それに対してミドル層は、同様に「……してくれるもの」に回答が集中しているが、「自分を励ましてくれるもの」の数値が高く、能動的な効果を音楽に期待している。そしてヘビー層は、「空気のようなもの」「自分を表現するもの」の数値が高い。空気には、取るに足らないという消極的な意味と、なくてはならないという積極的な意味との双方があるが、回答の分布をみる限りでは積極的に受けとめられているようである。例えば〝心の栄養〟や〝自己表現〟などの言葉で表されるような、自分の生活に直接的な何らかの影響を与えるものとして、音楽はとらえられている。

3-3　趣味の敷居

以上でみてきたように、音楽コミットメント・ヘビー層は、音楽の知識と情報を幅広く収集し、音楽に直接的な意味づけをおこなっている。では彼/彼女らはどういうミュージシャンのタイプ、音楽ジャンルを選好しているのだろうか。音楽への関わり方による、選好するミュージシャンの違いを、(1)メジャー/マイナー、(2)洋楽/邦楽、(3)ロック/ポップスの三つの側面から検討する。

(1)メジャー/マイナー差異

前節2-2で述べたように、本調査では好きなミュージシャン三名(組)を自由記述でたずねている。ここではまず、その「得票数」を数値化して分析をおこなう。得票数の差は、現段階で支持を集め話題に上りやすいミュージシャンと、そうでないミュージシャンとの差、すなわちメジャーとマイナーの差を示すひとつの基準となりうるからである。[12] ミュージシャン名六八一名(組)の得

図表 2-4　コミットメント尺度×ミュージシャンの得票数

%	ヘビー	ミドル	ライト	全体
得票 1 ～ 2 票	28.8	16.1	11.3	18.5
得票 3 ～10 票	24.3	21.4	16.5	20.5
得票 11～40 票	19.1	22.3	20.5	20.5
得票 41～100 票	13.1	22.9	21.2	19.0
無回答	14.8	17.3	30.4	21.5
計	100	100	100	100

得票 1 ～ 2 票：DJ Vadim、小島麻由美、Mourning Widows、Maxi Priest、アナム&マキ、諏訪内晶子、Jesse van Ruller…

得票 3 ～10 票：奥田民生、QUEEN、ベートーヴェン、KinKi Kids、バッハ、Janet Jackson、RED HOT Chili Peppers、矢井田瞳…

得票 11～40 票：aiko、DREAMS COME TRUE、Backstreet Boys、BoA、Every Little Thing、The Beatles、SPITZ、RIP SLYME…

得票 41～100 票：宇多田ヒカル、浜崎あゆみ、Mr.Children、MISIA、B'z、GLAY、サザンオールスターズ、MONGOL800、平井堅

＊挙げられたミュージシャンの例

数字は%。χ^2 検定：$p<0.001$

票数を「一得票＝一、二得票＝二、……一〇〇得票＝一〇〇」と数値化し、操作的に四分割してみたところ、ほぼ均等に分かれた。また、無記入（質問票三つの回答欄のうち一～三ヶ所が空欄）がのべ七一五欄あったので、これもカテゴリーとしてクロス集計した（図表2−4）。

ヘビー層は、得票率の少ないミュージシャンを記入する率が高い。誰もが好むミュージシャンではなく、いわば自分だけの——流行に左右されない独自の選好基準にもとづく——ミュージシャンを好む傾向にあるということである。

また、ライト層ほど、得票数の多いミュージシャンを記入し、無記入も多くなっている。空欄を埋めない意味は、好きなミュージシャンだけ記入する（ほかと同列に扱わない）ことと、好きなミュージシャンが三名（組）に満たない（埋められない）こととの二通りに解釈できるが、ここまでの分析から推察されるのは後者である。逆にいえば、ヘビー層の若者ほど、多くの選択肢のなかから複数のミュージシャンを選んでいることになる。これは前項で解説したように、音楽の知識や情報を蓄積していることの表れで

あろう。万人向けのミュージシャン名を記入することを敬遠するプライドを感じとることもできる。

（2）洋楽／邦楽差異

つづいて、全六八一名（組）のミュージシャンの国籍・活動地域から、洋楽／邦楽を特定し、コミットメント尺度との相関を調べた（図表2-5）。全体的に邦楽の比率が高く、音楽の国内自給自足、すなわち「J化＝ドメスティックな傾向」（南田 2001:200-202）の定着をうかがわせる。ただし、ライト層からヘビー層にすすむにつれて洋楽を選好する率が高くなっている。なかでもヘビー層が洋楽を選ぶ率は突出していて、全記入欄の三七・一%を洋楽ミュージシャンが占めている。音楽のJ化が浸透するなか、「洋楽を聴くものこそ音楽をわかっている」といういわゆる〝洋楽エリート〟の自意識が根強く残っていることをうかがわせる。

図表2-5　コミットメント尺度×洋楽／邦楽

%	ヘビー	ミドル	ライト	全体
好きな音楽家・洋楽	37.1	24.3	21.0	27.8
好きな音楽家・邦楽	62.9	75.7	79.0	72.2
計	100	100	100	100

数字は%。χ^2 検定：$p<0.001$

（3）ロック／ポップス差異

前節2-2で述べたように、現代の若者の好む音楽ジャンルは、細分化と包摂化が同時的に進行している。クラシックやジャズなどの、長い歴史をもち音楽の質や概念が固定されている分野や、ニューミュージックやフォークなど八〇年代までの日本の若者流行音楽のニュアンスで一括される分野、あるいはラップやクラブミュージックなど、後発であるがゆえに様式にさほど混乱が生じていない分野は、ジャンルとしてのテリトリーが比較的守られているが、それらを別にすると、九〇年代以降にポピュラリティを獲得した音楽は、細かいジャンル名が与えられると同時に、Jポップという簡単な言葉で一括されることも多い。リスナーとしても、それらの差異を意識することなく、並列的に音楽を消費しているように見える。

しかし、コーディングしたジャンルを集計し、コミットメント尺度との相関を見ると、また別のことが浮き彫りになる（図表2-6）。現代の流行歌の本流といえる01〜09までのジャンル（七〇％強を占める）には、ふたつの傾向性がある。これは端的にいえば、ロック系の音楽とポップス系の音楽の差異である。01〜05は、ロックに源流をもつサブジャンルであるが、集計結果から（パンク／メロコアを除いて）ヘビー層の支持が高いことがわかる。そして、06〜09は、アップトゥデイトな流行音楽＝ポップスとして受けいれられているが、集計結果を見ると、ミドル層とライト層の支持が高い。さらに、少し前に流行歌の本流だったニューミュージック／フォークの傾向を重ね合わせると、旧来からあるスタイルに関してはライト層の支持が高く、より新しめのスタイルに関してはミドル層の支持が高いことがわかる。

ロックとポップスは、ユースカルチャーとしてのポピュラー音楽史のなかで、しばしば対立軸として表象されてきた歴史をもつ。その対立とは「最前線の若者音楽であるロック／万人向けのポップス」「反体制や前衛などの観念を背負うロック／思想性なきポップス」「個人の存在や生き方に関わるロック／日々の楽しみを充足するためのポップス」などである。ただし、そうした対立軸からうかがえるように、実質的には過剰な意味投与にもとづくロックを支持する側が、「ロックでない

図表 2-6　コミットメント尺度×音楽ジャンル

%	ヘビー	ミドル	ライト	全体
01 ロック／ロックンロール	14.5	11.6	11.4	12.6
02 パンク／メロコア	6.0	7.5	5.4	6.2
03 ハードロック／ヘヴィメタル	5.6	4.9	4.7	5.0
04 ヴィジュアル／ゴス	6.8	5.0	5.5	5.8
05 オルタナティヴ／ミクスチャー	6.9	4.0	2.3	4.5
06 ポップス／POP	10.5	13.0	17.2	13.5
07 R&B／ソウル	10.7	15.9	13.2	13.1
08 ダンス／ユーロビート	6.4	8.8	8.5	7.9
09 ネオアコ／カフェミュージック	2.0	3.4	2.6	2.6
10 ラップ／レゲエ	4.6	4.1	2.4	3.7
11 クラブ／テクノ	2.7	1.2	0.9	1.7
12 ニューミュージック／フォーク	5.3	7.4	9.7	7.4
13 アイドル／歌謡曲	5.3	5.9	5.8	5.7
14 アニメ／声優	0.7	0.3	1.5	0.8
15 クラシック（作曲家・指揮者・演奏家）	6.7	2.6	3.5	4.4
16 ジャズ／フュージョン	1.7	0.8	1.0	1.2
17 ニューエイジ／ヒーリング／映画音楽	2.4	2.0	3.6	2.7
18 伝統音楽／民族音楽	1.3	1.6	0.8	1.2
計	100	100	100	100

数字は%。χ^2 検定：$p<0.001$

もの＝ポップス」と見なすことによって、そもそもあいまいなポップスの定義に輪郭を与えてきたともいえる。

もちろん、両者が細分化するとともにＪポップのカテゴリーに包摂されている現状をみれば、かつてのような対立の意識がそのままの形で残っているとは考えにくい。しかしデータを見るかぎりにおいては、「ロック系」と「ポップス系」の受容のされ方の違いは、依然として存在しているといっていい。「ロック系」は音楽に関わりの強い層の支持が高く、「ポップス系」は音楽に関わりの弱い層の支持が高い。少なくとも、ロックが今もなお〝聴く人を選ぶ音楽〟であり、ポップスが〝万人向け〟であるというシンボリックな意味が機能していることは疑いえない。さらに、ラップやテクノなどのＤＪ系の音楽や、クラシックにも同様の偏差がみられる。一般にイメージされるように、ポップスやニューミュージックの〝大衆性〟に比べれば、クラシックやＤＪ系は〝敷居の高い〟音楽なのである。

4　まとめに代えて

以上、音楽コミットメント尺度を用いて、若者の音楽に対する行動、意識、好みを分析してきた。音楽に関わりの強い若者ほど、（1）音楽の情報を資源として有していることが再確認され、（2）音楽に直接的な意味づけをしながら、（3）「聴く人を選ぶ」音楽（マイナー、洋楽、ロックやＤＪ系

図表 2-7　コミットメント尺度×自己関連項目

音楽コミットメント尺度×自己関連項目	相関係数
・自分には自分らしさというものがあると思う	0.168**
・場面によってでてくる自分というものは違う	0.008
・自分がどんな人間かわからなくなることがある	0.015
・どんな場面でも自分らしさを貫くことが大切	0.148**
・他人からみると，私は好みや考え方にまとまりがない人間のようだ	−0.048
・意識して自分を使い分けている	0.077*
・どこかに今の自分とは違う本当の自分がある	0.035
・仲のよい友だちでも私のことをわかっていない	−0.042
・なりたい自分になるために努力することが大切	0.084**
・自分の中には，うわべだけの演技をしているような部分がある	0.025

数値は Pearson の積率相関係数、$^{**}p<0.01$、$^{*}p<0.05$

やクラシックなどのジャンル）を好む傾向にあることがわかった。本章では音楽項目の相互の関連に主眼をおいたが、そういった傾向が若者の自己意識や社会意識とどのように連関しているかなど、さらに検証を必要とする課題は数多くある。ここでは紙幅の都合上、詳細な検証はできないが、最後に興味深いデータを一つ紹介したい。

図表2-7は、音楽コミットメント尺度と、若者の自己イメージを尋ねた設問項目(13)との関係を示したものである。相関をはかるために、四段階で聞いた自己関連項目の回答を、積極的肯定＝「そう思う」から積極的否定＝「そう思わない」まで、順に連続数（四〜一）をあてがい、コミットメント尺度を一二分割（一六〜四ポイント）に戻して算出した。その結果、相対的に、音楽に強く関わる若者ほど、「自分には自分らしさというものがある」「どんな場面でも自分らしさを貫くことが大切」という意見を肯

定する傾向がうかがえた。

この結果は、音楽への関心の強さが当人のアイデンティティを構成するファクターになっているという推測を可能にする。(14) 係数は強い相関を示していないので明示的なことはいえず示唆にとどめる。しかし、作品文化における音楽の人気の高さを考慮にいれた場合、「音楽に強い」ことが「自分らしさ」というセルフイメージを高めていることは十分考えられる。それは同時に、選好する趣味が自己の属性となり、特定の音楽作品やジャンルが社会的差異を示すインデックスになるという文化社会学の理論的構想（Bourdieu 1979＝1990）とも関連するのである。

かつては、例えばクラシック音楽を〝たしなむ〟ことが、教養の深さを示す社会的なシンボルとして、自己の威信を高めるものとしての意味を強くもっていた。ポピュラー音楽が社会の隅々にまで浸透した（音楽化した）現在、音楽の価値は平準化し、威信効果を個々の音楽作品がもつことはないようにもみえる。しかし、私たちは音楽への関わりの強さ／弱さによって、選好する音楽に差異がみられることを確認してきた。若者は、ただ音楽をカタログ的に平準化されたものとして聴いているのではない。そこには選択にともなう力学が働いているのであり、また、そのような選択をする自分に——少なくとも音楽に強くコミットするものは——自負心をいだいているのである。

こうした文化に関する社会調査を積み重ねていくことによって、現代の「姿の見えない」若者像に、よりはっきりとした輪郭を与えることができるだろう。

註

（1）二〇〇四年七月、大塚愛の『さくらんぼ』の着うたダウンロードが一〇〇万件を超えた。音楽ビジネスのモデルが急速に変動していることを実感させられる。

（2）八四年のレコード総生産金額が二七四四億円、〇四年が四三一二億円である（『日本のレコード産業二〇〇五』日本レコード協会より。ただし、〇四年の集計は音楽ビデオの金額が加算されている。音楽ビデオの金額を減算した場合は三七七三億円）。なお、百万枚以上のセールスを記録するミリオンセラー数は、九一年までは年間一〇枚に満たない数字だったが、九二年に二二枚を記録し、九五〜九九年の五年間はいずれも四〇枚を超えている（アルバムとシングルの合算）。〇〇年代にはいると下降をはじめ、二〇〇一年は二八枚、二〇〇二年は一六枚と、その数字は減っている。全体の売上高も、ミリオンセラーの増減に沿う形で推移している。

（3）有線音楽放送の最大手、有線ブロードネットワークス社（旧：大阪有線放送社）が、現行の四四〇チャンネルを実現したのが八七年、契約件数一〇〇万件を突破したのが九〇年である。

（4）音楽化社会を提唱した小川（1988:77–97）は、ノリを体現する身体を考察することで、その論題に答えを示そうとしている。

（5）ただし、二〇〇四年末の第四六回レコード大賞は Mr. Children が受賞し、メンバーは授賞式に出席した。一〇年前に同賞を受賞したさいには出演を辞退していた彼らは「前回の分までいただいた気持ち」と述べ、スターとしての責任を果たした格好となった。

（6）第一章でも触れられているが、複製メディアへの編集の数値減少については、文言を変更したことが関係しているかもしれない。九二年度に「好きな音楽をテープに録音する」としていた設問を、時代状況に合わせて、〇二年度は「好きな音楽をテープ、MD、CD-Rなどに編集する」に変更した。「録音」に代えて「編集」という言葉を用いたことが影響している可能性がある。

(7) 質的調査は、アンケート回答者(杉並、神戸)に依頼し、計一一名を対象として二〇〇三年九月から一一月にかけて面接調査法でおこなった。

(8) 判定者による弁別は、見田宗介(1967)が歌謡曲に使用された語彙を検討する際に用いた方法と近いが、恣意的な判断が混入するという問題点がある。私たちの分類は、それが完全に客観的な基準に達していることを強調するのではなく、今後の同種の調査におけるモデルケースとして役立つことを目標のひとつとしている。より詳細なジャンルコーディングの方法については、(南田・木島 2003:18-20)を参照されたし。

(9) ジャーナリストの鳥賀陽弘道は、「Jポップとは、かつて歌謡曲、ロック、フォークなどと呼ばれたジャンルをすべて解体してシャッフルし、再構成した名称なのである」(鳥賀陽 2005:21)と述べている。

(10) あなたは音楽ファンですかという類の文言をプレテストで試してみたところ、リスナー度とさして違わない結果となった。測りたかったのは「音楽が日常生活の楽しみとして重要な位置を占めるか」であったため、「ライフスタイル」の語を選んだ。人によってはこの言葉は強い印象(自身の人生観や指針に関わる言葉)を与えると思われるが、「ファン」ほどではないにせよ、現代の青年層にライトな感覚で使用されているようだ。

(11) この設問項目I~Ⅳには順序性があったことを付記しておく(肯定的＝一点、否定的＝〇点と二値化した場合。ガットマン尺度分析法、再現性係数＝〇・九五)

(12) もちろん、本調査の結果からのみカテゴライズした「得票数一~二人」の、例えばMaxi Priestと、「得票数四一~一〇〇人」の、例えば浜崎あゆみの、どちらがメジャーでマイナーであるかということは、世界的規模での売上や長期的観測による人気の度合いなどを考慮にいれれば、そう簡単に決着がつくものではない。しかし、逆に外的な基準を用いず、内的な調査内での結果に基づくカテゴリーであるがゆえに、その時点で多くの人が名前を挙げるミュージシャンの固有名と、そうでない固有名の差は浮き彫りになる。

（13）自己イメージ設問項目の詳細に関しては、第五章を参照のこと。

（14）他の作品文化とアイデンティティとの関わりはどうなのであろうか。本調査では、音楽以外の作品文化に関しては、分析に十分な項目を設けていないので明確にいえることは少ない。したがって参考までにしておくが、「自分には自分らしさというものがあると思う」と「作品文化カテゴリーの選好」（本章2-1参照）とをクロスしたところ、平均値三八・四％に対して、「演劇」が六三・六％、「アート（絵画・彫刻など）」が五二・四％と、その二つのジャンルの支持者が突出して自分らしさを肯定しているという結果を示した。

文献

阿部勘一　二〇〇三　「ポピュラー音楽と現代消費社会」東谷護編『ポピュラー音楽へのまなざし』勁草書房

Bourdieu, Pierre, 1979, *La Distinction: Critique Sociale du Jugement*, Éditions de Minuit. ＝一九九〇　石井洋二郎訳、『ディスタンクシオンⅠ／Ⅱ』藤原書店

Frith, Simon, 1987, Towards an Aesthetic of Popular Music, in Leppert, R. and McClary, S. (eds), *Music and Society*, Cambridge: Cambridge University Press.

稲増龍夫　一九八九　『アイドル工学』筑摩書房

神谷国弘　一九九四　『都市の社会構造と社会変動』晃洋書房

Lanza, Joseph, 1994, *Elevator Music*, St. Martin's Press. ＝一九九七　岩本正恵訳、『エレベーター・ミュージック』白水社

南田勝也　二〇〇一　『ロックミュージックの社会学』青弓社

南田勝也・木島由晶　二〇〇四　「音楽と青年との関わり」高橋勇悦編『都市的ライフスタイルの浸透と

青年文化の変容に関する社会学的分析』科研費研究成果報告書
見田宗介　一九六七『近代日本の心情の歴史』講談社
三橋一夫・山本コウタロー他　一九七五『われらフォーク世代』荒地出版社
三浦　展　二〇〇一『マイホームレス・チャイルド』クラブハウス
NHK放送文化研究所編　二〇〇三『NHK中学生・高校生の生活と意識調査』日本放送出版協会
日本レコード協会編　二〇〇五『日本のレコード産業二〇〇五』日本レコード協会
小川博司　一九八八『音楽する社会』勁草書房
烏賀陽弘道　二〇〇五『Jポップとは何か』岩波書店
Weber, Max, 1921, *Die nichtlegitime Herrschaft* (*Typologie der Städte*). ＝一九六四　世良晃志郎訳、『都市の類型学』創文社

「夢　笠置シヅ子とドリカム」朝日新聞夕刊一九九四年八月四日
「戦後の流行歌　時代の共感を映し50年（アートの視点）」朝日新聞夕刊一九九五年一〇月二四日
「国民的行事、紅白歌合戦が危ない『絶滅』に向かうテレビ界の恐竜」『週刊アエラ』朝日新聞社、一九九五年一二月一八日号
「初速『命』の一瞬メガヒット　個性化時代の、没個性的な流行事情」『週刊アエラ』朝日新聞社、一九九九年六月二一日号

コラム　相関係数について

相関係数は、二つの数量データにおける直線的な関連の度合いを示す統計量である。クロス集計の場合はカテゴリー化したデータ（例えば「身長の低いグループ／高いグループ」など）しかあつかえないが、相関係数は数量データをそのまま（例えば一七六・七㎝などの実際の数値を）あつかうことができる。（ただし、クロス集計も相関係数も、二変数の関連の強さは説明できるが、因果関係を示すモデルとしては適さない）。

相関係数では、二つの設問に対する回答（x、y）に関して、そのバラツキ具合を計算している。xを横軸に、yを縦軸にグラフを作成したとき、回答の分布が平面上に表現されるが、xの数値を低く答えた人がyの数値も低く答えて、xの数値を高く答えた人がyの数値も高く答える傾向にあれば、右上がりの直線に近づく（図表2-8参照）。これを「正の相関」といい、計算式は省くが、回答のパターンが完全な直線になれば相関係数は一となる。

また逆にxの数値を低く答えた人がyの数値を高く答えて、xの数値を高く答えた人がyの数値を低く答える傾向があれば、右下がりの直線に近づく。

図表 2-8

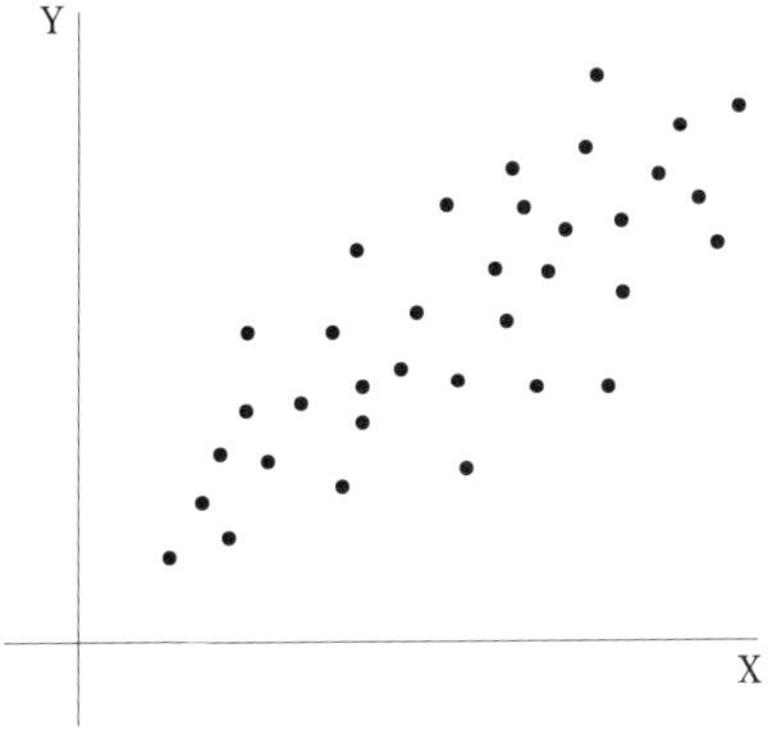

これを「負の相関」といい、完全な右下がり直線になれば相関係数はマイナス一となる。相関係数が〇に近づくのは、すべてのケースが拡散していて関連がみいだせないときである。

ただ、別々の設問の回答傾向をみている訳なので、一もしくはマイナス一になることはあまりなく、とくに個人の行動や意識を計測する社会調査データでは、プラスマイナス〇・五を超えるような係数は稀にしかみられない。どの程度の数字であれば高い相関をもつといえるかはケースバイケースである。たとえば相関係数が〇・八前後を示していたとしても、サンプル数が少なければ、単なる偶然の結果に過ぎないかもしれない。逆に、相関係数が〇・一前後の場合でも、サンプル数がかなり多い場合などは、それを軽視することはできないのである。

そこで、検定をおこないその結果を参考にする必要がでてくる。相関係数の横につける「**」や「*」などが、検定で有意性があったことを示すマークである。相関係数の検定は、ここでも計算式は省略するが、母集団における相関係数について帰無仮説を設定して、観測された相関係数を用いて帰無仮説が棄却できるか否かを判断する方法である。いわば、理想の値から現実の値がどれくらい離れているかをはかり、それが単なる誤差なのか、統計的に意味が有るかを確定する作業といえる。検定の基本、帰無仮説の概念については、第一章のコラムを参照されたし。

文献

林知己夫　二〇〇二『社会調査ハンドブック』朝倉書店
森岡清志編　一九九八『ガイドブック社会調査』日本評論社
盛山和夫　二〇〇四『社会調査法入門』有斐閣

第三章　メディアと若者の今日的つきあい方

二方龍紀

1　メディアと若者

1-1　メディアは若者に悪影響を与えたか?

図表3-1に引用したのは、インターネット上のある掲示板での会話である(中野 2004:33-35)[1]。「731こと電車男」が、恋をする相手(「エルメス」)からの電話を待っているところを、見も知らぬ人たち同士が、見守っている。これは、匿名的な掲示板の中で生まれた「協力」と言えるであろう。励まし合いながら、干渉し合うことなく、それぞれの生活を営んでいく彼らの書き込みは、遠洋航海をする船同士の船首のライトを使った挨拶のようでもある。

図表 3-1

530 名前：731 こと電車男 投稿日：04/03/17 22:49
k た

531 名前：Mr. 名無しさん 投稿日：04/03/17 22:49
エルメスから電話キタ――――(゜∀゜)―――― !!!!!

538 名前：Mr. 名無しさん 投稿日：04/03/17 22:50
さぁ、ここが正念場だぞ！

539 名前：Mr. 名無しさん 投稿日：04/03/17 22:50
超祈ってるよ私

(中略)

553 名前：Mr. 名無しさん 投稿日：04/03/17 22:52
心から他人の事で祈るなんて初めてだ。

558 名前：Mr. 名無しさん 投稿日：04/03/17 22:52
せめて俺らだけでも落ち着こうぜ。
さ、みんな深呼吸でもしようじゃないか。

569 名前：Mr. 名無しさん 投稿日：04/03/17 22:54
(　´　^　`　　すぅ
(　−　o　−　はぁぁ・・・

596 名前：Mr. 名無しさん 投稿日：04/03/17 22:57
ああどんな話してるのかな？
頑張って欲しいなあ
電車にすごく励まされるよ

600 名前：Mr. 名無しさん 投稿日：04/03/17 22:58
頼む上手くいってくれぇえええええ！！！！！！！！

605 名前：Mr. 名無しさん 投稿日：04/03/17 22:59
十分経過

614 名前：731 こと電車男 投稿日：04/03/17 23:00
めしどこか　たのむ

一方、マスメディアでは、新しいメディアに対する批判が目立つ。特に、携帯電話やインターネット、テレビゲームは、「リアルな世界を避け、バーチャルな世界に逃げ込んでいる」などと非難される。若者にとってなじみのあるメディアの世界は、確かに、はまりこむことで抜け出すことが困難になり、それが彼らの生活にとって有害となる場合もあるだろう。しかし、先に見たような掲示板のように、見知らぬもの同士だからこそ、さりげなく励まし合えるような可能性も存在しているのだ。若者がメディアとの関わりの中で抱く実感と、批判する側が描き出すメディアと若者の関係のイメージには、大きな乖離がある。

若者にとって、メディアの先にひろがる世界との関わりは、もはや避けることができない。その新しい波の狭間に生まれた彼らは、もがきながらも、メディアとのつきあい方を模索している最中なのではないか。過大に評価することなく、また、一方的に批判することもなく、彼らをとりまくメディア世界を、冷静に分析し、現代における若者とメディアのつきあい方の一端を描き出したいというのが、本章のテーマである。

普及期にあるメディアの利用については、批判的な視線が向けられることが多かった。例えば、二〇世紀の前半、ラジオの普及期には、やはり、その利用の影響を危惧する声があがった（岡田・松田編 2002：192-3）。特に、若者と普及期にあるメディアの関係は、今まで、多くの偏見を持って語られてきた。多くのメディアと若者をめぐる議論は、実証的な把握ではなく、イメージ先行で語られているという問題がある。このテーマについては、人々の間に、根強い先入観があるので、データに基づいて、慎重に検討する必要がある。

青少年研究会は、一九九二年に神戸市と杉並区で若者対象の調査を行っている。今回の二〇〇二年調査は、一〇年ぶりの大規模な調査ということになる。一九九二年調査のメディア項目では、テレビ、ラジカセ、電話、ヘッドホンステレオ、ステレオ、ビデオ、ビデオカメラ、テレビゲーム、パソコン・ワープロ、漫画などをあげて質問している。この一〇年間で、携帯電話やインターネットが急速に普及して、若者の生活に浸透したため、二〇〇二年調査ではテレビ、テレビゲーム、携帯電話、固定電話、インターネットに絞って、質問文を総入れ替えする形になっている。そのため一〇年前との直接的な比較はできないが、逆に言えば、直接的な比較ができない位、情報環境の変化が激しかったということにもなるだろう(2)。

本章では、この二〇〇二年の調査などをもとに、各メディアの利用状況をその相互の関係と利用者の属性との関係で検討したい。利用者の属性に注目するのは、マスメディア上の多くの「メディアと若者」評が、若者の間での差異をほとんど無視しているからだ。

具体的には、次のことを行う。

①まず、メディアと若者の関係について、今までどのように語られてきたのかについて、マスメディアでの言説や先行研究の諸論点について検討する(1-2・3)。

②続いて、青少年研調査における、それぞれのメディアの利用状況の全体結果を確認(2-1)した上で、これらの利用のあり方が若者の属性などによって、どのように分化しているのかを見ていく(2-2)。また、若者の間でのメディア利用のタイプの違いについても分析する(2-3)。

③更に、「番通選択」「メル友を作る」「テレビゲームの登場人物に思い入れを持つ」など、若者と結びつけて語られるメディア利用が、若者の中でもどのような属性の人びとによって、担われているのかを見ていく(3-1)。

④こうした利用の中には、マスコミ報道などで、しばしば、問題視されるものも含まれている(例

えば、「ゲームへの思い入れ」は「現実の人間関係から逃げている」などと批判される)。これらの批判が、実態を反映しているのかを検討するために、これらの若者の友人関係・自己意識について、検討する(3-2)。

1-2 メディアの「善玉説」と「悪玉説」――「情報化社会への期待」から「ゲーム脳」へ

メディアと若者の関係については、前項で触れたように、人々の間に根強い先入観があるように思われる。先入観を支えている言説は、その関係を肯定的にとらえるものと否定的にとらえるものに分けて考えることができる。メディアの「善玉説」と「悪玉説」である。この項では、新聞記事を例証する形で、この問題について考察したい。

実は、メディアと若者の関係を希望に満ちたものとしてとらえるような「善玉説」と、逆にその関係を危険性に満ちたものとしてとらえる「悪玉説」は、ともに、メディアと若者を短絡的に結びつけているという点で、共通した構造を持っている。これらの言説の中で、メディアは、はじめ、「善玉」として、期待感をもって迎えられたが、時代が変化し、実際に普及してくると、「悪玉」のように語られるようになる。なぜ、このように、変化していったのかは、それぞれの時代の要請や状況と関わっている(これについては詳しくは1-3で述べる)。

まずは、「善玉説」について見てみる。これらの言説は、インターネット・携帯電話が個人の生活の中に普及していく時代の「前夜」であった八〇年代後半に、期待と不安が織り交ぜられて、語られたものであった。次に引用するのは、こうした時代に大学生がコンテストに応募した「情報化社会への期待と不安」である。

「情報化」という三文字で書き表せる社会変動が、私たちの生活を大きく変えつつある。私が、現在、活動している国際交流の分野では、パソコン通信やＦＡＸの導入により交流が日常化し、交流相手の選択肢が広がり、相手国の社会経済情報の入手が容易になるといったメリットを享受している。

情報化には、一般的に次の四つのメリットがある。

第一に、世界中の情報の収集が可能になり、相互理解につながる。

第二に、情報の収集と伝達のコストが低下する。

第三に、ビジネスの国際化を促進し、ビジネスチャンスを広げる。

第四に、発展途上国でも、国際情報の入手が可能になり、南北格差の是正の可能性が生まれる。

（後略）（読売新聞　一九八七年一一月二八日東京夕刊「情報化社会のあすを創る　募集エッセー特選作品要旨」より）

この記事のように、時代の要請として語られていた「国際化」と「情報化」を期待に満ちて堂々と語る若者の姿は、このエッセーコンテストの「講評」でも、「実体験に基づいて、これを世界における情報秩序の問題と結び付けたすぐれた論文」として評価されている。しかし、これらは、いわば「情報化時代の到来への期待と不安」を述べたものであり、現実的な「新しい情報環境と若者」の関係を表したものではなかった。しかし、守弘仁志も指摘するように、この時代、こうした期待感による論調が、多く語られていたのである（守弘 1993）。

こうした「若者とメディア」の関係への期待感は、九〇年代を経て、二〇〇〇年代になり、実際に、個人の生活に携帯電話やインターネットが浸透してくる時代になると、急激にしぼみ、代わって、「若者」あるいは「新しいメディア」への「敵視」にも似たような「悪玉論」が台頭してくる。これらの「悪玉説」について、見てみよう。次に引用するのは、新聞に掲載された中学校教員による投書の一節である。

携帯電話の普及には目を見張る。今や小学生でも持ち、危険なサイトにのめり込んでゆく中学生もいる。（中略）月に何万円もの使用料を払う子もいるし、極端な場合は援助交際に走る子もいるのが現実だ。携帯が便利なのは認めるとしても、危険性を伴っているのも事実だ。しかし、興味や利便性が勝り、使用についてのコントロールができていない。しかも新しい機能を持った機種が次々に登場し、親も子も使うための制御ができていない。携帯の機能が増えるに連れて社会のモラルが乱れ、子どもたちの生活が乱れているように思えてならない。携帯が子どもたちの生活をこれ以上むしばむ前に、思い切った法律による規制が必要なのではないだろうか。（朝日

新聞 二〇〇三年七月九日名古屋朝刊「声」「携帯電話にも法律の規制を」）

新聞の投書欄を読んでいくと、このような主張は、他にも多く見受けられる。「携帯の機能が増えるに連れて社会のモラルが乱れ、子どもたちの生活が乱れているように思えてならない」という部分に顕著に表れているように、携帯電話が「子どもの生活の乱れ」と直結しているという図式である。こうした主張には、二つの疑問がある。一つは、「子ども」たちの生活は、どのような点で、何をもって「乱れてる」と評価できるのか、という疑問である。もう一つは、携帯電話が、この「子どもたちの生活の乱れ」の直接的原因となっているのか、という疑問である。

この二つの問題を考える上では、子どもたちの生活の実態的な調査と、その歴史的な比較が必要である。また、その子どもたちの生活の中での携帯電話の利用の実態の分析も必要だろう。そうした、慎重な分析なしに、「法律で規制」しても、「子どもたちの生活」を改善することには、ならないのではないか。

マスメディア上のこうした意見は、次のような専門家の主張によって、補強されている。次に、引用するのは、新聞の投書欄に寄稿された精神医学の研究者の文章である。

八〇年代以降、幼い時から子どもたちは他者との摩擦を恐れ、対人関係を表層的な付き合いに保ち、明るさや清潔さを装ってきた。今何をしている、あの店へ行こう、あの話知っている、あれ好き？　といった情報の軽い交換、好き嫌いの確認のみを保とうとしてきた。こうしていれば同調感を得られるが、対人関係は深まらず、内面の感情も思考も豊かにならない。（中略）私が調べたところでは、大学生の多くが一日に三〇から四〇件メールを送っている。メールは言葉以外の表情、感情を伝えず、いつでも送信を止めれば、関係を切ることができる。他方で一日何回も同じ人と交換していると、「何をしているの」といった簡単なメッセージの交換でも、一緒にいるような気持ちになれる。逆に返事がこないと「怒っているの」と不安になったりする。思い込みだけで進行し、そこに悪いうわさなどの雑音が入ると、忍耐、切れるの悪循環が作動するだけである。今回は、それが事件につながったように見える。（読売新聞二〇〇四年六月七日東京朝刊「気流」「〔論点〕佐世保・小6事件「切れる」悪循環、ネットでも」野田正彰）

こうした主張も、多く見られる。新しいメディアが、人間関係の「切断」を容易にする、あるいは、人間関係の「摩擦」を避けている、といったような「コミュニケーションの内容の希薄化」論である。この文章の場合は、この希薄化によって、「切れる」若者が生まれるという論理展開になっている。こうした主張にも、二つの疑問がある。一つは、「希薄化」の内容についてだ。多くの「選択化」論者[3]から指摘されるように、従来の枠組みのような「意味」を確認することができないからといって、「意味が希薄だ」ということはできないのではないか。「選択化」論者は、希薄になったのではなく、むしろ、「内容や方法が、選択されているのだ」とする。もう一つの疑問は、ここで問題となる「希薄化が引き起こすとされる事件」と新しいメディアの利用の間に因果関係があるのかというものだ。

「メディア」が子どもたちを切れやすくするという主張は、携帯電話、インターネットだけに、主張されるものではない。テレビゲームについても、同様の主張がなされている。いわゆる「ゲーム脳」の議論だ。次に、引用するのは、脳神経科学の研究者の文章である。

　テレビゲームを幼児期から行わせた場合には、ゲーム脳タイプ人間になってしまう可能性があります。（中略）注意欠陥多動障害の原因には、前頭前部の活動低下を引き起こすテレビゲームのやりすぎも含まれているものと考えられますし、また、それにより子どもたちは攻撃的になり、すぐキレる状態になってしまっているものと思われます（森 2002:193–194）。

　二〇〇四年六月一日、長崎県内の小学6年生が同級生にカッターナイフで殺害された事件は、あまりにも衝撃的で残酷すぎるニュースでした。（中略）加害児童は、チャットやインターネットへの書き込みをひんぱんにしていたそうです。学校でも家庭でもコンピュータ操作をしていたのでしょう。そのことから考えると、ITに長時間かかわることで、人間としてもっとも大切な脳の部位、前頭前野の働きが悪い状態になっていたものと推察されます（森 2004:3–4）。

著者は、メールなどでも同じように、「メール脳」が起きるとしている（森 2004:7）。こうした言説の中では、生物学的な変化（例えば、脳の働き）と社会・文化的な変化（人間関係など）が、あまりにも素朴に接続している。脳の働きについて、研究をすることは重要だろうが、それを簡単に新しいメディアの問題とつなげて議論しようとすれば、乱暴な議論ととられても仕方ないだろう。

このようにしてみてくると、マスメディアで語られる「若者とメディア」論が、多くの場合、要因間の関係を無造作に想定し、イメージで語られていることが分かる。しかし、こうした言説は、実際に、若者とメディアに対する印象を形づくっている。「マルチメディアの普及によって、これからの世の中にどんな影響が出てくると思いますか」という質問で「マイナス面の影響」として、「子どもに悪影響を及ぼす映像や情報が簡単に手に入る」と答えた人は、三八・一％、「人と直接会う機会が減る」二九・七％、「テレビやパソコンに偏った生活になる」二三・二％などとなっている（「マルチメディアと国民意識　情報新時代、若者が推進／読売新聞社世論調査」読売新聞　一九九八年五月二日東京朝刊）。こうした印象は、実態に合わないことも多い。例えば、「悪影響」説については、映像や情報が手に入ったからといって、それを実際に行動に移す「子ども」はあまりいない、という調査結果もある（「テレビの中でやっていた、いたずらや悪ふざけをまねしてみることがある」一一・九％『テレビと児童・青少年に関する調査報告書』日本民間放送連盟　一九九九年）。また、「直接会う機会が減る」については、逆に、携帯電話やメールを頻繁に使う若者は、直接に頻繁に友達と会うという指摘もある（岡田・松田編 2002: 222）。

以上見てきたように、マスメディア上の若者とメディアをめぐる言説には、筆者の「印象」で、一部の若者の傾向を全体としてとらえたり、若者のメディア行動を短絡的に決めつけているものがある。若者の生活の中で、新しいメディアがどのような役割を果たしているのかについては、マスメディアにあふれる「印象論」では、その正確な実態を描き出せていないのが、現状のようだ。

1-3 技術決定論の問題

この項では、これまで、メディアと若者の関係は、どのように語られ分析されてきたのかをいくつかの先行研究から振り返りたい。

まず、八〇年代から九〇年代前半のメディアと若者の関係の語られ方について、見てみよう。ここで扱う種類のメディアと若者の関係は、八〇年代以降、「情報化社会」の進展という社会の変化の「スローガン」と共に、盛んに語られるようになる。守弘によれば、肯定的に語ったものが、いわゆる「情報新人類」論であり、否定的に語ったものが、いわゆる「おたく」論であった（守弘 1993）。守弘は、この二つの論陣が両方とも根拠が少ないものであったことを指摘した上で、メディア・テクノロジーに対する期待がしぼむことによって、それらを操る若者に対する期待感もしぼみ、かわって、「問題視」するようになったのではないかと考察している。こうした議論の問題点として、メディアに慣れた一部の若者に対する分析を、若者の全体像としてとらえ、その誤った若者像に対して、評価や否定をしていると指摘している（守弘 1993:165）。

次に、九〇年代後半以降のメディアと若者の語られ方について、考えてみる。八〇年代から九〇年代前半の若者とメディアの関係を語るときの構図は、九〇年代後半に入っても、多くのマスメディアでは、変化することはなかった。変化したのは、その時に、過大に評価されたり、問題視される対象となるメディアである。八〇年代に論じられたメディアが、テレビやビデオ、テレビゲーム、固定電話であったのに対し、九〇年代後半以降は、それが携帯電話、インターネットになった。

確かに、若者は新しいメディアの普及にいち早く対応した世代であったと言える部分もある。例えば、携帯電話は、インターネット機能が組み込まれることによって、九〇年代半ば以降に爆発的に普及し、全体での契約数が約五七九五万だった二〇〇〇年には、若者の間での携帯電話所有率は、九四・四%まで高まる。(4)

このように、九〇年代において新しいメディアの広がりを見せた社会の語られ方はどのようなものだったのだろうか。岡田朋之は、八〇年代の「ニューメディア」、九〇年代の「マルチメディア」「IT革命」というようにブームになる機器や名前は変わっていったが、そこで期待されるネットショッピングやホームバンキングといったサービスの内容は、ほとんど同じで、社会や生活の変化として言われることも、同じことのくり返しになっている、と指摘している（岡田 2002:22)。

このような八〇年代から最近までのメディアと若者の語られ方からどのようなことが分かるだろうか。石田佐恵子は、現代メディアと青年文化論を結びつける言説について、七〇年代からの傾向を振り返った上で、メディアが現代社会での日常生活に深く結びついている以上、メディアによるアイデンティティ形成は、青年にのみ特徴的なものとは言えないと考察している（石田 1998:199)。

つまり、こうした言説は、社会全体の傾向を、若者だけに当てはめようとしてしまっているのである。

「新しいメディア→新しい社会→それに対応する若者」という図式的議論は、社会の変化として語られていることをそのまま個人に適用しようとする語り口になっている。これは、その議論の立場が、メディア「肯定」「否定」どちらにしても言えることだ。メディア・社会・若者の連関については、その社会的文脈や変化の経過を丹念に見ていくことが必要であろう。つまり、この問題を分析するためには、具体的な事例を通し、実証的に見ていくことが必要だ。

そうした実証的な研究の例として、富田英典による電話の研究や松田美佐の番通選択の研究が挙げられる。富田は、若者の固定電話の利用について実証的な分析をした上で、それが若者の友人関係や自己像と深い関わりを持ち、一様ではない若者の姿がそこに見えていると指摘している（富田1995）。

また、松田は、現代の都市社会で特徴的なコミュニケーションを「選択的人間関係」とし、携帯電話の利用スタイルとこうした関係性は関連があると実証的な調査をもとに論じている。そして、こうした利用スタイルの具体例として、発信者番号通知機能によって、電話をとるかを決める行動（いわゆる「番通選択」）をあげている（松田 2000）。

他に、辻大介は、若者の対人関係の変化について、調査の分析から、場面に合わせた切り替えを志向する「フリッパー志向」を指摘している（辻 1999）。こうした実証的な現状の把握を通して、若者とメディアの関係を微細に描き出すことがますます重要になっている。

以上整理すれば、若者とメディアの関係を考察するためには、一般的イメージだけでなく、そのメディアの置かれた時代背景やプロセスを見ていかなくてはならない。また、社会における語られ方との連関関係から読み解いていく必要がある。

佐藤俊樹は、「情報技術」と「社会」と短絡的につなげてしまうような「技術決定論」が先行する議論の問題について、次のように指摘している。

技術決定論をとるということは、簡単にいえば、技術に一通りの使い方しか想定しないことである。そうやっているかぎり、使われている技術の方も使っている社会の方もおざなりにしか理解できない。技術に技術とは関係ないものを読み込み、社会に社会の一部であるものを見落としているのだから（佐藤　1996：216–217）。

若者とメディアの関わりを見る時も、こうした誤りに陥らずに分析する必要がある。そのためには、「情報技術の変化」と「若者の変化」を短絡的につなげて語るのではなく、その変化の連関の多様性についての具体的な実証的調査が必要であろう。

2　メディア利用の実状

2-1　メディア利用の実状

1節で見てきたように、メディアの変化と若者を簡単に結びつける議論からは、若者のメディアとのつきあい方を、きちんと見ることはできない。メディアと若者の関連を見るためには、その実態的な調査から分析する必要性がある。以上のようなことから、2節からは、青少年研究会の調査の結果をもとに、議論を進めていく。

まず、各メディアの利用の実状を見てみよう（図表3-2）。携帯電話の利用率が約八割であるのに対し、固定電話は約四割であり、通話の中心が、携帯電話になっていることが確認できる。[5]また、インターネットは、九〇年代半ば以降に本格的に登場したメディアにもかかわらず、行為者平均利用時間では、固定電話や携帯電話の通話時間を大きく上回っている。[6]こうした結果からは、「ケータイ」と「インターネット」を中心的なメディアとして使う若者像が想像しやすい。しかし、それが全てではない。五つのメディアについて、各自がいくつのメディアを利用しているのか、利用個数ごとに分類してみた。その結果、全部利用が九・〇%、以下四つが三〇・九%、三つが三二・六%、二つが一八・八%、一つが六・五%、一つも利用していないが二・二%となった。平均利用数は三・一個となった。ここから考えると、若者の間でのメディアの利用の仕方には、ばらつきが見

図表 3-2　各メディアの保有率・利用率・利用時間と性別・年齢層・職業別の利用率（%）

		テレビ	テレビゲーム	固定電話（通話）	携帯電話（通話）	インターネット
保有率		94.8	71.5	87.0	87.5	設問無し
利用率	全体	91.1	30.7	42.5	77.2	69.2
平均時間（分）	全体	153.8	26.9	13.8	39.5	26.7
	行為者	173.5	91.5	35.2	54.6	78.5
性別	男性	93.9	47.9	35.4	82.7	72.4
	女性	95.5	17.8	50.8	81.8	74.3
	検定		＊＊	＊＊		
年齢層	下位層	93.7	41.2	39.9	73.9	73.4
	中位層	94.1	28.4	41.6	90.1	74.2
	上位層	96.9	22.5	51.3	83.7	72.7
	検定		＊＊	＊＊	＊＊	
職業	学生	93.4	36.8	38.7	77.6	77.6
	バイト	94.9	31.4	42.0	80.0	60.2
	給与所得者	95.5	24.9	44.1	89.7	76.3
	自営業者	100.0	26.7	56.7	85.7	72.4
	その他	97.2	26.6	63.9	79.2	66.7
	検定		＊＊	＊＊	＊＊	＊＊

特に表記のない限り、検定は、χ^2 検定、以下同じ
全体平均利用時間＝1 日あたりの平均利用時間の合計÷回答者全体
行為者平均利用時間＝1 日あたりの平均利用時間の合計÷利用時間回答者
年齢下位層→16〜20 歳、年齢中位層→21〜25 歳、年齢上位層→26〜30 歳
学生→生徒・学生（在学中でアルバイトの仕事をしている場合も含む）、バイト→パート・アルバイト
給与所得者→経営者・役員、常勤の会社員・団体職員、公務員、契約社員・嘱託、派遣社員
自営業者→自営業者・家業手伝い、自由業者、その他→専業主婦（主夫）、無職、その他

られるのだ（メディア利用数については詳しくは2－3で述べる）。

2－2　属性によって差のある利用の仕方

こうした、若者の間でのメディアの利用の仕方の違いをより鮮明にするために、次に、主な属性（性、年齢層、職業）別のメディア利用の特徴を見てみよう。

最初に、性別と利用率から、メディアの利用状況を見ていく（図表3－2）。ここからは、テレビゲームが、特に男性が使う割合の高いメディアであることが確認できる。また、逆に、固定電話は、女性が使う割合が高いメディアであることが分かる。テレビゲームは主に一人でその世界に入って楽しむものであり、固定電話は対人的なコミュニケーションを取り結ぶものである。この二つの性質の違うメディアは、各々のユーザーが性別ごとに異なるという特徴がある。

続いて、年齢層と利用率から、メディアの利用状況を見ていこう（図表3－2）。ここからは、年齢区分ごとに、メディア利用に大きな差異があることがわかる。テレビゲームをする割合が比較的高いのが年齢下位層で、携帯電話での通話をする割合が比較的高いのが年齢中位層、固定電話での通話をする割合が比較的高いのが年齢上位層ということになる。携帯電話／固定電話という通話する時のメディアの違いは、携帯電話がその人の人生のどの時期に普及したのかと関連していると推測される。

第三に、職業別にメディアの利用率を確認する（図表3－2）。

テレビゲーム、固定電話、携帯電話、インターネットについては、職業別に、メディア利用の違いが見られる。テレビゲームは生徒・学生、固定電話は、専業主婦（主夫）を含むその他の分類や自営業者、携帯電話は給与所得者、インターネットは生徒・学生および給与所得者が利用する傾向があるメディアであることが分かる。

そして、そこから再分類して、有職者なのか、それとも、生徒・学生なのか、という属性の違いとメディア利用の関係を確認してみると、テレビゲーム、携帯電話、インターネットの利用で特徴が分かる。テレビゲームをするのは生徒・学生、携帯電話で通話するのは有職者である傾向が分かる。インターネットも生徒・学生の方が利用する割合が高いという結果になっている。テレビゲームは、電話よりも一日あたりの利用時間が長い傾向があるので、有職者は利用するような時間がないということだろうか。

このように、若者の間でも、メディアの利用のあり方に差があることが、属性の違いだけからも分かる。こうした状況で、若者とメディアを簡単につなげて議論することは難しい。こうした若者の間での違いは、次の項であげるメディア利用数の分析からも、明らかになる。

2-3　「多方面型」「集中型」「消極型」

ここでは、テレビ、テレビゲーム、固定電話、携帯電話、インターネットの五つのメディアの内、いくつのメディアを利用するのかという「メディア利用数」に着目して、分析を進める。この利用数を分析することによって、メディアと関わりの持ち方が、いくつかのタイプに分かれることが見えてくる。

まずメディア利用数が少ない若者と多い若者の違いを分析するために、メディア利用数別のメディアの利用状況を見てみた。2-1で見たように、メディア利用数の平均は、三・一個であることから、三つ利用すると答える回答者を平均的な利用数のメディア利用者として想定し、三つ未満のグループ（「少メディア利用者」全体中の割合二五・三％）／三つと答えるグループ（「中メディア利用者」同三二・六％）／四つ以上のグループ（「多メディア利用者」同三九・九％）に分けて分析した。ここから分かる特徴は、二つある。

第一にあげられるのは、少メディア利用者における、テレビ・携帯電話利用の多さである。ここから、少メディア利用者は、他のメディアを利用せず、テレビと携帯電話のみを使っている人が主流であることが分かる。テレビは基礎的な情報収集・娯楽として使い、固定電話を使わず、携帯電話で連絡を取っているということだろうか。

第二に、中メディア利用者は、テレビ・携帯電話と共に、テレビゲームを使うタイプ、固定電話を使うタイプ、インターネットを使うタイプに分かれているという傾向が分かる。これらの利用別に、属性の差を調べてみると次のような傾向が見えてくる。

テレビゲーム利用者　　男性、年齢下位層、学生

固定電話利用者　　女性、年齢上位層、有職者

インターネット利用者（性別、年齢層、学生／有職者については、有意差なし）

多メディア利用者についても、テレビゲーム、固定電話、インターネットの利用別に調べてみると、テレビゲーム利用者は、男性が多く、年齢下位層が多く、固定電話利用者は、女性が多いという傾向が確認できた。こうしたことから、若者の間で、性別や年齢層、職業の違い（そして、そこからくる暮らしぶりの違い）などと関係して、メディアとの関わり方、利用のスタイルが違うということが分かる。

図表 3-3　メディア利用数による分析

	各メディアの平均利用時間			
	少	中	多	分散分析のF検定
テレビ	174.6分	169.4分	176.3分	
テレビゲーム	132.0分	95.0分	87.1分	
固定電話（通話）	60.0分	38.2分	32.6分	
携帯電話（通話）	75.5分	53.5分	49.5分	*
インターネット	90.4分	81.6分	75.0分	

こうした、少／中／多のメディア利用者の間には、利用時間の違いはあるのだろうか（図表3-3）。これについては、中メディア利用者と多メディア利用者の間では、利用時間の違いはほとんど見られなかったが、少メディア利用者の方が、その他の若者よりも、テレビゲーム、固定電話、携帯電話、インターネットの利用時間が比較的長いことがわかった（図表3-3）。ここからは、多メディア利用者は、それぞれのメディアを少しずつ使い、少メディア利用者は、特定メディアを集中して長時間使っているということが分かる。

その中でも、少メディア利用者の携帯電話利用時間は、中メディア利用者や多メディア利用者に比べて、特に長い。メディアの中でも携帯電話を集中して使う若者が、メディア利用に関して特徴があることが分かる。
ここまで確認したメディア利用数とその使用程度から、調査対象となった若者たちを以下の三つのタイプに分類できることが明らかになった。

・それぞれのメディアを少しずつ使うタイプ（「多方面型」）
五つのメディアの内三つ以上を使い、それぞれを少時間ずつ使う。このタイプは男性よりも女性の割合が比較的高い。

・少数のメディアをじっくり使うタイプ（「集中型」）
これは、二つ以下のメディアの利用者で、それぞれのメディアに使う時間が比較的長い。男性よりも女性の割合が比較的高い。

・メディアそのものをあまり使わないタイプ（「消極型」）
これらのメディアをあまり使わない。女性よりも男性の割合が比較的高い。

2-2で見た属性からは、若者とメディア利用について、一様ではない状況が分かった。また、2-3で見てきたメディア利用数からは、その状況が、三つのタイプとして見えてきた。今まで、見てきた分析は、メディアを利用するかしないかに、焦点を当てたものだったが、それだけでも、大きな違いが見えてきた。3節では、この議論を更に進めて、そのメディア利用の内容について、見ていきたい。

3　メディアの利用行動から見えるもの

3−1　「メル友」「番通選択」などをするのは、どんな若者か？

ここからは、メディアの使い方について考えてみる。それぞれのメディアの利用行動に着目して考える。この項で取り上げる利用行動は、次のようなものだ。

・テレビ「ザッピング」
（頻繁にチャンネルを変えて、いくつかのテレビ番組を同時に視聴する）
・テレビゲーム「登場人物へ思い入れ」
（いわゆる「キャラクター志向」と重なる部分を持つもの）
・電話全般「友だちに対する番通選択」
（着信した番号を見て、電話に出るか出ないかを決める。1−3参照）
・携帯電話「ワン切り」
（携帯電話で、「ワンコール」分だけ呼び出し、相手に挨拶する利用）
・インターネット「インターネットで知り合った相手と直接会う」
（いわゆる「オフ会」と重なる部分を持つ行動）
・インターネット「インターネットで知り合った相手と友だち付き合いする」

（いわゆる「メル友」と重なる部分を持つ行動）

こうした利用については、「若者の奇妙なメディアの使い方の具体例」のように、マスメディア上で扱われてきた。しかし、こうした使い方をする若者は、全体の中でどれ位の割合なのかについては、そうした報道では、あまり詳細に議論されてこなかった。ここでは、まず、この実際の割合を調べ、また、それらの人々が、どのような属性を持つ人なのかについて見てみよう（図表3-4）。

実際の割合を見るとザッピング、番通選択以外は、利用率が数％から一割台と低いことが分かる。ザッピングは、約半数、番通選択は、約三分の一の人が利用している。(7)

属性ごとの分析からは、「テレビ」「テレビゲーム」などの娯楽的要素の強いメディアについての行動は、男性に多い傾向があり、その一方、「携帯電話」など人間関係を取り結ぶメディアについての行動は、女性に多い傾向が分かる。また、「インターネット上で知り合うこと」が「友だちづきあい」や「直接会う」というような日常生活上の人間関係につながるのは、生徒・学生に比較的多く見られる傾向であることが分かる。ここにおいても、メディア利用の属性ごとの差異が確認できる。

メディア利用数とこれらのメディア利用は、どのような関係を持っているのだろうか。「ほとんどメディアを利用しない」／「少」／「中」／「多」のメディア利用者に分けて分析した。その結果、テレビゲームの「登場人物へ思い入れ」とインターネットの「友だちづきあい」は、多メディア利用者に多い傾向があるということが分かった。

図表 3-4　話題となるメディア利用をする人の割合と主な属性別の傾向

	利用率	主な属性別の傾向
テレビ 「ザッピング」	54.5%	男性が多い（男性 61.3%＞女性 50.2%）＊＊
テレビゲーム 「登場人物へ思い入れ」	10.0%	男性が多い（男性 14.8%＞女性 6.4%）＊＊ 年齢下位層が多い（下位層 17.2%＞中位層 7.9%＞上位層 4.3%）＊＊ 生徒・学生が多い(生徒・学生 15.4%＞有職者 6.1%)＊＊
電話全般 「友だちを番通選択」	35.7%	女性が多い（女性 39.3%＞男性 32.0%）＊ 年齢上・中位層が多い（上位層 40.1%＞中位層 38.5%＞下位層 30.3%）＊ 有職者が多い(有職者 40.5%＞生徒・学生 30.0%)＊＊
携帯電話 「ワン切り」	6.7%	女性が多い（女性 8.4%＞男性 4.9%）＊ 年齢下位層が多い（下位層 15.6%＞中位層 2.7%＞上位層 0.9%）＊＊ 生徒・学生が多い(生徒・学生 11.8%＞有職者 3.3%)＊＊
インターネット 「直接会う」	15.2%	生徒・学生が多い（生徒・学生 18.6%＞有職者 13.4%）＊
インターネット 「友だちづきあい」	11.9%	生徒・学生が多い(生徒・学生 15.6%＞有職者 10.0%)＊ 年齢下位層が多い（下位層 14.9%＞上位層 11.9%＞中位層 8.9%）＊

いずれにしろ、ここからは、取り上げたような利用をする人自体が、若者の多数を占めるわけではないということが確認できた。

3-2　問題視される「キャラクターへの思い入れ」「ネットでの友だち」

前項で見たように、マスメディアで話題となるようなメディアの利用行動をする若者は、多数派ではないことが多い。しかし、彼らが少数であるというだけでは、批判側の言説を検証するには不十分である。

これらの利用行動の中には、マスコミ報道などで、特に、問題視されることが多いものもある。例えば、「テレビゲームの登場人物（キャラクター）に思い入れを持ったことがある」は、ゲーム世界への過度の没入として、「現実の人間関係から逃げている」などと批判されることもある。

また、「インターネットや携帯電話等で知り合った相手と友だちづきあいをしている」などは、ネットを介し、一般的な日常生活で会うことのない人と出会うことによって、見知らぬ世界に巻込まれていくなどとして、批判されている。

こうした利用をする若者には、自己意識や人間関係などで、批判する論陣が指摘するような特徴が見られるのか、ここではみていきたい。

（1）　テレビゲームの登場人物に思い入れを持つ若者は、友だちが多い

まず、「テレビゲームの登場人物への思い入れ」（以下、「思い入れ」）についてみてみよう。テレビゲームを利用する時間との関係を見ると、利用する時間の長い若者の方が、「思い入れ」を持つという人は多くなる（時間別当てはまると答える人の割合　一時間未満一二・六％、二時間未満一九・八％、三時間未満二一・八％、三時間以上三三・三％）。テレビゲームを長時間利用している人と「思い入れ」をもつ若者に関係があるということがこのデータからはある程度いえるだろう。しかし、それが本当に人間関係に影響を与えているのだろうか。

例えば、友人の数については、「思い入れ」を持つと回答する若者の方が、有意差はないが、平

図表3-5　「テレビゲームの登場人物に思い入れ」「インターネットで知った相手との友だちづきあい」と友人の数

	テレビゲームの登場人物に思い入れ		インターネットで知った相手との友だちづきあい	
	あり	なし	あり	なし
親友	5.3人	3.8人	4.0人	4.0人
友だち	17.0人	14.4人	16.6人	14.4人
知り合い	42.7人	36.5人	44.3人	36.1人

親友→「親友（恋人を除く）」／友だち→「仲のよい友だち（親友を除く）」／知り合い→「知り合い程度の友だち」

均人数が多いという結果が出ている（図表3−5）。

特に「親友」の数は、ゲームをすることの多い年齢下位層の平均の人数四・六人と比較しても、多いことが分かる。「親友」をはじめ友人の数が比較的多く回答される傾向があることについては、複数の解釈が考えられる。しかし、少なくとも、「ゲームに思い入れをもつ人は、人間関係を避け、友人も少ない」という一般的イメージとは、相容れないということが分かる。

次に、友人とのつきあい方についてみてみよう。八つの質問の中で、七つの質問で有意差は見られず、唯一、「友だちといるより、ひとりでいるほうが気持ちが落ち着く」という質問についてのみ、「思い入れ」をもつ人の方が「そうだ・どちらかといえばそうだ」と答える人の割合が多いということが分かった。「思い入れあり」の人で六一・八％、「思い入れなし」の人で四四・三％となっているので、二割近くも差があることになる[8]。この結果は、一見すれば、「友人関係をうまく築けない若者がゲームの世界に逃避している」というような通説を支持しているように見える。しかし、上で見たように、友だちの数自体は多いのだ。また、この他の七つの質問では、有意な違いが見られない。だから、「ひとりでいる方が気持ちが落ち着く」という質問だけで、「思い入れ」をもつ人が、他の若者と比べて、友人関係に問題があるという評価をするのは、慎重であるべきだろう。

「思い入れ」をもつ若者の自己意識に特徴は見られるだろうか。一三個の質問のうち、四つの質問で有意な関係が見られることが分かった。しかし、この四つの質問について、年齢層をコントロールした上で分析すると、年齢下位層での「意識して自分を使い分けている」と「自分の中には、うわべだけの演技をしているような部分がある」においてのみ「思い入れ」があるかないかの違いが有意に関係していることが分かった（図表3-6）。つまり、年齢下位層以外の若者については、「思い入れ」と自己意識には、関連が見られないのだ。

（2）「ネット友だち」と友人関係・自己意識の関連は限定的

次に、「インターネットや携帯電話等で知り合った相手と友だちづきあいをしている」（以下、「ネット友だち」）について見てみよう。ネット上での人間関係を作る上で、最初の段階となると考えられる「ネット友だち」をする人には、友人関係や自己意識などで、特徴が見られるだろうか。

「思い入れ」の場合と同じように、友人の数から見てみよう。「ネット友だち」をすると回答する人の方が、「友だち」「知り合い」において、平均人数が多いという結果が出ているが有意な差は見られない（図表3-5）。

次に友人とのつきあい方を見てみる。先ほどと同じように八つの質問とクロス集計すると、「遊ぶ内容によって一緒に遊ぶ友だちを使い分けている」という質問においてのみ、有意な差があるこ

図表 3-6 「テレビゲームの登場人物に思い入れ」「インターネットで知った相手との友だちづきあい」と自己意識項目

	テレビゲームの登場人物に思い入れ					
	全体			年齢下位層		
	あり	なし	検定	あり	なし	検定
自分の使い分け	54.6%	42.1%	＊	60.6%	41.4%	＊＊
うわべだけの演技	63.9%	44.0%	＊＊	69.7%	44.3%	＊＊

	インターネットで知った相手との友だちづきあい					
	年齢中位層			学生		
	あり	なし	検定	あり	なし	検定
自分の使い分け	66.7%	41.1%	＊＊	62.9%	42.7%	＊＊
うわべだけの演技	66.7%	47.0%	＊	60.9%	50.0%	

「そうだ」「どちらかといえばそうだ」(「そう思う」「まあそう思う」) と答える人の割合の合計

とが分かる。「使い分けている」は「ネット友だちあり」の人で八一・五％、「ネット友だちなし」の人で六三・九％ということで約二割違う。これは、「ネット友だち」をする人は、そうではない人に比べて、友だちの数が多いということと関連があるのかもしれない。友だちの数が多いから遊ぶ内容によって使い分ける、あるいは、遊ぶ内容によって使い分けているから友だちの数が多くなる、ということだ（実際に、「知り合いの数」と「使い分け」には有意な関連が見られる）。また、友人とのつきあい方について、他の七つの質問では有意な差は見られない。だから、このことをただちに、批判する陣営が想定するような「ネット友だちをするような若者の友人関係は、友人を使い分けるような付き合いの薄いもの」という評価につなげるのは乱暴だろう。

この「ネット友だち」をする若者の自己意識については、どのような特徴が見られるだろうか。一三個の自己意識についての質問とクロス集計すると以下の項目と有意な関係が示された。

「意識して自分を使い分けている」

「自分の欲しいものをがまんするのが苦手だ」

「自分の中には、うわべだけの演技をしているような部分がある」

これも、一見すれば、「ネット友だちは、演技による偽物の人格を使った人間関係である」というような通説を支持しているように見える。しかし、この三つの質問について、年齢層と「学生か有職者か」の影響をコントロールして分析すると、年齢中位層における「自分の使い分け」「うわべだけの演技」と学生における「自分の使い分け」という質問においてのみ有意な差が見られる（図表3-6）。つまり、他の年齢層や他の職業においては、こうした質問と「ネット友だち」の関連は見られないのだ。このように分析すると、「ネット友だち」と自己意識の関わりが見られる部分は、極めて限定的なものといえそうだ。

（3）「思い入れ」「ネット友だち」から見えてくる若者像

以上、メディアの利用の中でも、マスメディアなどで問題視されることの多い二つの質問について、友人関係や自己意識に特徴があるのか分析してきた。ここからは、「思い入れ」「ネット友だち」をしない若者と比べて、ほとんどの質問において、有意な差が見られないことが明らかになった。それぞれの特徴あるメディア利用をすることと「友人関係が乏しくなるのではないか」「自分勝手な性格になるのではないか」というような一般的なイメージは、一概に関係があるとは言えないことが分かる。[9]

しかし、「思い入れ」については、「ひとりでいる方が落ち着く」「自分の使い分け」「うわべだけの演技」という項目と一部で、有意な関係があることが示された。また、「ネット友だち」は、「友だちの使い分け」「自分の使い分け」「うわべだけの演技」という項目と、一部で有意な関係があることも示された。「友だちの使い分け」をすると答える若者は、「番通選択」をする割合が高いことが分かっている（「友だちの使い分け」をする若者の中の「番通選択」をする割合　四〇・九％、「友だちの使い分け」をしない若者の中の「番通選択」をする割合　二七・二％**）。

この四つの質問を並べれば、自分や他者を使い分けているという意識、そこに関係する「演技」という意識、そして、その背景にいる「ひとりでいる方が落ち着く自分」という意識、というように、重なるように見える意識が浮かび上がる。そして、これらの意識と「番通選択」などの「選択的」な行動には関連があるように思われる。[10] これらの意識とメディア利用行動が、どう関わってくるのかについては、更に分析が必要だろう。

4　まとめ——メディアの渦の中で模索する若者

以上、五つのメディアについて、若者の利用状況を見てきた。ここから指摘できることをまとめると、以下の四点があげられる。

①若者のメディアの利用率は高い。特に、携帯電話やインターネットなどの比較的普及してからの歴史が浅いものも、積極的に利用している。しかし、このメディア利用の状況は、若者たちの中で、性別や年齢層、生活のあり方などによって違いがあり、一様ではない。

②また、若者の中には、これらのメディアを少しずつ使いこなすタイプと、重点的に使うタイプ、あまり利用しないタイプが存在している。

③「メル友」「オフ会」などの利用をする若者の割合は、一〇%台と少ない。

④「テレビゲームのキャラクターに思い入れを持つ若者」「インターネットで知り合った相手と友だち付き合いする若者」は、一般に問題視されるようなイメージと同じではないが、自分や友人関係について特徴のある意識を持っている部分も見られる。

この章の分析の前半（2節）では、若者のメディア利用の全体的な傾向について、後半（3節）では、「思い入れ」や「ネット友だち」などのメディア利用の内容について論じてきた。前半の分析は、批判する言説の「一部の若者の傾向を全体としてとらえる」という問題に対応している。この部分については、メディアと若者の関係は一様ではないことが明らかになった。また、後半は、批判する言説の「メディア行動を短絡的に問題と直結する」という問題に対応している。この部分については、問題視する言説が想定するイメージと一概に同じではないことが確認できた。

一口に「若者とメディア」といっても、その関係は複雑で、一般論として論ずることはできず、性別や年齢、その暮らしぶりなどによって、メディア利用の様相は一定程度違うことが分かった。「若者とメディア」の関係が、多様なものになっている社会的な背景は何だろうか。これと関連する要因は、二つ考えられる。一つ目は、彼らが、新しいメディアの普及期に生きているということである。二つ目は、彼らをとりまく生活環境などが、若者の間で大きな違いがあるものになっているということである。

実態的な調査から見えてくるのは、彼らが、新しい情報環境のもたらす「メディアの渦」の中で、こうした社会状況や自分たちの暮らしぶりなどの違いに合わせ、もがきながら、自分の生活に合わせて利用しようとしている姿だ。もちろん、この利用の先は、バラ色一色とは言えない。新しいメディアの利用に失敗して、メディアの渦に飲み込まれてしまう「危険性」もあるだろう。しかし、メディアを活用することによって、更に人生を豊かにしていく「可能性」もあるのではないだろうか。

1-1で見た掲示板では、図表3-7のような書き込みも見られた（中野 2004:344）。これは、「電車男」が、掲示板での応援のおかげもあって、「エルメス」とハッピーエンドを迎え、この掲示板を去っていく場面である。人との付き合いが苦手な若者もいるだろう。新しいメディアは、彼らの逃避先に見える時もあるかもしれない。しかし、それでも、この掲示板に見られるように、新しいメディアを介して、人と人とのつながりが生まれているのだ。彼らは、混沌としたメディア状況の中で、彼らなりに工夫して、メディアを利用している。これは、メディアと自分の距離

図表 3–7

900 名前：電車男 ◆4aP0TtW4HU 投稿日：04/05/09 18:32 おわっちまうのか… あと、俺、彼女に告白の事とか友達にずっと相談に乗ってもらってたって言ってある そしたら彼女は 「いい友達ですね」 って言ってたよ 908 名前：Mr. 名無しさん 投稿日：04/05/09 18:33 〉〉900 紹介できない友達ですね 909 名前：Mr. 名無しさん 投稿日：04/05/09 18:33 電車900おめ。 …友達って…オレらのこと…？ おいおいおいおい、マジ鳥肌たっちまったじゃねーか！！

感の模索ともいえるだろう。

「若者とメディア」の関わりを単純にとらえようとするのでは、何も見えてこない。この点については、インタビュー調査などをふまえて、今後、更に詳細な分析が必要であると考えられる。

註

(1) これは、2ちゃんねるhttp://www.2ch.net/「独身男性板」での会話である。ここでの会話をまとめた書籍(『電車男』)から引用している。この話は、電車の中で知り合った「おたく青年」(「電車男」)と「負け犬女」(「エルメス」)のラブストーリーとして、映画化、テレビ化もされている。ここで注目したいのは、ラブストーリーとしての側面ではない。匿名的な掲示板の中で、見も知らぬ「電車男」を励まそうと、集まってくる人たちの様子を描きたいと考え、引用した。

なお、図表3–1中の「530」などの番号は、発言の順番、名前の後に「Mr. 名無しさん」とあるのは、名前を名乗らずに書いたことを示している。

(2) この調査では、電子メディアの中で、現在の若者の生活の中で主要な役割を果たしているものということで、テレビ、テレビゲーム、固定電話、携帯電話、インターネットの五つのメディアについて、保有・利用の有無、利用時間を聞いている。固定電話、携帯電話の利用については、通話に限定し、インターネットの利用については、携帯電話などでのｉモードなどの利用を含んでいる。なお、質問文中では、携帯電話とＰＨＳを合わせて「携帯電話等」と表記しているが、この章では、単に「携帯電話」と表記する。

特に、携帯電話をめぐっては、若者のマナーや社会に対する意識の問題と結びつける議論が、近年マスメディアをにぎわせている（例えば、電車内での公的空間における携帯電話の使用に関してなど）。携帯電話利用と社会に対する意識との関連については、詳しくは第六章で扱う。

（3）コミュニケーションの希薄化論とは、メディアを介したコミュニケーションの発達などと関連して、若者は集団の中での人間関係を拒むようになり、その友人関係は、意味などが「希薄」になっているとする議論であり、それに対し、選択化論とは、若者においては、いくつかの友人関係を使い分けていくような「選択」的な関係性が進行しているとする議論である。この議論の対立については、双方の論点がずれていて、かみ合っていないとする指摘がある（辻 2003）。

希薄化論／選択化論の議論に関連して、『中央公論』二〇〇四年四月号は「ケータイ文化は退廃堕落社会の予兆か」という特集を組んでいる。この中では、武田徹「ケータイを敵視する〝メディア一世〟たちの傲慢」と小原信「不安定なつながりが逆に孤独を深めている」が全く逆の議論を展開している。武田は、テレビのコミュニケーションを前提とした「メディア一世」世代が、携帯電話のコミュニケーションを前提とした「メディア二世」をむやみに批判するのは間違いで、「二世たちのケータイ利用の方法は一世たちの錯誤の反省に立ち、今一度コミュニケーションを対面型に戻そうとする試みなのではないか」と指摘する。それに対し、小原は、携帯電話を使ったコミュニケーションでは「画面のなかにいるものだけが自分が理解する『他者』であり、それ以外に他者はいないらしい」として、こうした他者なきコミュニケーションによって、「公的空間の私的汚染」が起きるとする。また、「友人との連絡回数がふえることで家族とのコミュニケーションは疎かになり、不安定なつながりが、かえって孤独を増大する逆説が生まれている」とする。武田の議論の中で、テレビのコミュニケーションに慣れた「メディア一世」は対面型コミュニケーションができなくなっている、という部分は、「メディア機器」→「使う人の性格」というように短絡的につなげているのではないかという問題がある。また、小原の議論については、北田暁大は、携帯電話によってコミュニケーションや公共性概念・親密性の変容が起きているため、『「公共性」』『私的』『希薄化』といった言葉の従来的用法では理解できないような事態」が生起しているのではないかと指摘している(北田暁大ブログウェブサイト「試行空間」http://d.hatena.ne.jp/gyodaikt/comment?date=20040312)。

(4) 全体での契約数は、電気通信事業者協会調べ(二〇〇〇年四月現在 http://www.tca.or.jp/)。若者の携帯電話所有率は、青少年研究会(2001)による大学生を対象とした調査の所有率(二〇〇〇年四・五月調査)である。

(5) 携帯電話でのメールの利用率は、八〇・一%(八八一人)となっている。これは、携帯電話での通話の利用率七七・二%(八四九人)を若干だが上回り、携帯電話の役割の中で「メール」が重要になっていることが表れている(携帯電話を保有するが通話はしないと答えた人の中でも八四・一%(九五人)が携帯メールは利用すると答えている)。

(6) 本章では、インターネット利用率について、Q10「あなたは、現在インターネットを使用していますか(iモードやez-webなどでの使用を含む)。使用している方は、一日平均何時間ぐらい使用していますか。また、ふだんどのように使用していますか」という質問の①の時間の回答と②の目的の回答があった人全てをインターネット利用者として計算している。①の時間の回答者は、全体の三五・四%(三八九人)である。

(7)「番通選択」についての質問では、「友だちからの電話であっても」と、電話がかかってくる相手を限定しているため、約三分の一の利用となっているが、職場(バイト先)、家族、学校などからの電話の呼び出しも当然あるため、それらを含めると、更に割合は高まることが予測される。

（8）Q14「あなたは、ふだん友だち全般とどのようなつきあい方をしていますか」については、「そうだ」と「どちらかといえばそうだ」、「そうではない」と「どちらかといえばそうではない」の回答をそれぞれ合計して分析している。また、Q20「あなたにとって『自分』や『自分らしさ』とはどのようなものですか」については、「そう思う」と「まあそう思う」、「そう思わない」と「あまりそう思わない」の回答をそれぞれ合計して分析している。

（9）「ゲームの登場人物への思い入れ」や「ネット友だち」という現象に対する批判に使われる「現実の人間関係をうまく作れない若者」というような言説について、石田佐恵子は、「このような議論は、『現実とはメディアによって構成される世界とは違うものだ』という前提から出発している」（1998：201）とした上で、次のように批判する。「このような前提に基づく議論はそれ自体として、生活環境を自然本来のものとメディアによって構成された『つくりものの現実』とに二分することに他ならない。そのとき、論ずる側の人びとも彼ら・彼女らと同様にメディアによって構成された〈現実〉を生きているという視点は失われてしまう」（ibid.：201）。この指摘からも、こうした問題について考察する場合には、イメージ先行になることなく、慎重に分析するべきであることが分かる。

（10）橋元良明は、総務庁「第三回情報化社会と青少年に関する調査（一九九七）」のデータを使って、メディアの利用と青少年のコミュニケーション行動の関係について分析している（橋元 1998）。その中では、例えば、テレビゲームをする人は「浅いつきあい」を好み、携帯電話・ポケベルを利用する人は、「深いつきあい」を好む傾向があると述べている。また、情報行動の中で、テレビとテレビゲームにだけ長時間を浪費する青少年（「ゲーマー」）が、友人とのコミュニケーションでの心理傾向などで、平均的な人と差があることを指摘している。このように、友人関係の中身や「質」の側面を更に掘り下げて分析していくことも必要だろう。

文献

橋元良明　一九九八「パーソナル・メディアとコミュニケーション行動――青少年にみる影響を中心に」竹内郁郎・児島和人・橋元良明編『メディア・コミュニケーション論』北樹出版、117-138

石田佐恵子　一九九八『有名性という文化装置』勁草書房

松田美佐　二〇〇〇「若者の友人関係と携帯電話利用――関係希薄化論から選択的関係論へ」『社会情報学研究』4: 111-121

森　昭雄　二〇〇二『ゲーム脳の恐怖』日本放送出版協会

森　昭雄　二〇〇四『ＩＴに殺される子どもたち――蔓延するゲーム脳』講談社

守弘仁志　一九九三「情報新人類の考察」小谷敏編『若者論を読む』世界思想社、142-168

中野独人　二〇〇四『電車男』新潮社

岡田朋之・松田美佐編　二〇〇二『ケータイ学入門　メディア・コミュニケーションから読み解く現代社会』有斐閣

佐藤俊樹　一九九六『ノイマンの夢・近代の欲望　情報化社会を解体する』講談社

青少年研究会　二〇〇一『今日の大学生のコミュニケーションと意識』

富田英典　一九九五「電話コミュニケーションと青年」高橋勇悦監修・川崎賢一・芳賀学・小川博司編『都市青年の意識と行動　若者たちの東京・神戸 90's［分析篇］』恒星社厚生閣 95-110

辻　大介　一九九九「若者のコミュニケーションの変容と新しいメディア」橋元良明・船津衛編『子ども・青少年とコミュニケーション』北樹出版、11-27

辻　泉　二〇〇三「携帯電話を元にした拡大パーソナル・ネットワーク調査の試み――若者の友人関係を中心に」『社会情報学研究』7: 97-111

コラム　カイ二乗検定

例えば、テレビゲーム利用率は、男性四七・九％、女性一七・八％と性別によって、差があることが分かっている。しかし、これがただの数値の差ではなく、テレビゲームをするかどうかと性別が、母集団において、統計学的に、関係していると言うためには、どのような作業が必要だろうか。このための検定の一つが、カイ二乗検定である。

この検定は、「二つの変数の間に全く関係がない」という帰無仮説（第一章コラム参照）が真であると仮定した時の度数（図表3-8）と実際のデータの度数（図表3-9）を比較することによって、行われる。変数間に、全く関係がないことを統計的独立という。変数が、統計的に独立している場合、変数のカテゴリーごとにみた数値は、図表3-8のように、全く同じになるはずである。このように、帰無仮説が真であるときに期待される数値を期待度数という。また、実際のデータの数値を観測度数という。

表 3-8　テレビゲームをするかどうかと性別が関係がない場合のクロス表

	する	しない	合計
男性	150.5(31.2%)	331.5(68.8%)	482
女性	186.5(31.2%)	410.5(68.8%)	597
全体	337(31.2%)	742(68.8%)	1079

表 3-9　テレビゲームをするかどうかと性別の実際のクロス表

	する	しない	合計
男性	231(47.9%)	251(52.1%)	482
女性	106(17.8%)	491(82.2%)	597
全体	337(31.2%)	742(68.8%)	1079

（表中の数値は人数。（　）内は比率。全体は、2つの質問を両方答えた人数の合計）

この期待度数と観測度数の比較し処理した数値をカイ二乗統計量という。このカイ二乗統計量は、独立分布に近いほど〇に近くなり、逆に独立分布から離れていくと数値が大きくなる。

このカイ二乗統計量とクロス表から分かる自由度によって、検定が行われる。自由度とは、統計量を計算する時に、変化させることができる値の数である。カイ二乗統計量の自由度は、行の数マイナス一と列の数マイナス一の積なので、上の例では、自由度が一ということになる。この自由度によって、帰無仮説が真である場合のカイ二乗検定統計量の標本分布が分かる。この標本分布と先ほどのカイ二乗統計量を比較することによって、帰無仮説が棄却できるかが、判断される。帰無仮説が棄却できる場合、変数間には、母集団でも互いに関連があるだろうということが言える。

ここで注意しなければならないのは、クロス表の中の期待度数の中で、五以下のものがある場合は、この検定はできないということだ。また、二×二以上のクロス表の関連を見る場合、残差分析をしなければ、ひとつひとつの関係は言えない。

文献

Bohrnstedt & Knoke, 1988, *Statistics For Social Data Analysis 2nd. Edition*, F. E.Peacock Publisher, Inc.（＝1990、海野道郎・中村隆監訳、『社会統計学——学生版』ハーベスト社）

盛山和夫　二〇〇四『社会調査法入門』有斐閣

第四章　若者の友人関係はどうなっているのか

福重　清

1　あるオフ会の光景

「オフ会」という言葉をご存じだろうか。インターネットなどのウェブサイトの掲示板やチャットなどに参加している人々が、電子ネットワークの外で直接集まって行う会合のことを彼らは「オフ会」と呼ぶ(1)。普段は主に文字を介してコミュニケーションを行っている人たちが、直に顔を合わせ、カラオケをしたり、おしゃべりを楽しんだり、時には酒を酌み交わしたりする。オフ会は、インターネットにある程度精通している者にとっては、それほど縁遠いものではない。この辺りの詳細は、第三章に述べられている通りである。本章では、これをまた別の観点から眺めてみよう。

オフ会そのものは、はたから見ている限り、どこにでもある友だちどうしの集まりのように見える。しかし、そうした場に実際に参加してみると、例えば、学校や会社などで知り合う友だちとは少し違ったコミュニケーションをしている場面に出くわしたりもする。それは、例えば、今までネット上では会話をしたことがあるが、実際には会ったことのないメンバーが、初めてオフ会に参加したときなどに見ることができる。

新たなメンバーを迎えたとき、当然、その人物と顔を合わせたことはないので、その場では「自己紹介」が行われる。それは、例えば、鉄道やアイドルのファンサイトのオフ会などであれば、おおよそこんな具合だ。


「はじめまして。三〇近くになってもまだ〇〇ファンでお馴染みのジミーです。今日は初めてのオフ会なので少し緊張していますが、よろしくお願いします。仲良くしてください」

「は〜い。俺はチャット常駐のケンです。昨夜もチャットでお会いした皆さん、お疲れさまでした」

「僕は、チャット参加メンバー中でおそらく最年少のタロウです。まだ高校生です。よろしく」

「私が△△サイト管理人のテツです。いつも情報提供ありがとうございます。近々またサイトのリニューアルをしますんで、何か要望があれば言って下さい」

と、まあだいたいこのような具合である。(2) 何気ない光景といえばそれまでだが、ちょっと注意して聞いてみると、いくつか気になる点もある。

まず、参加者の多くは、自分自身をあだ名のようなもので名乗っており、自分の本名をフルネームで明かす者はあまりいない。ここでは、一般に「ハンドルネーム」と呼ばれる、一種のニックネームでお互いを呼び合う。また、世間一般の自己紹介であればまず名乗られる職業や勤務先が、ここではほとんど語られない。せいぜい学生か社会人か、社会人であれば、サラリーマンか自営業かといった程度の情報が示される程度である。実際、長くつきあっている者どうしであっても、本名や職業についてはお互いに全く知らないということも決して珍しいことではない。しかし、では彼らはそんなに親しくはないのかと言えば、彼らはネットワーク上ではかなり頻繁に会話をしていたり、お互いの趣味や好みについてよく知っていたり、中にはウェブサイトの運営などを共同で行っているような人たちもいたりする。そして、彼らは自分たちの関係を、趣味の、あるいはネットワーク上の、一つの「友人」関係としてとらえているのである。

彼らのような人間関係は、はたして「親しい」、「親密な」関係と言えるのだろうか。あるいは、その関係を「友人」と呼ぶことは適当なのだろうか。このような関係が、今日の友人関係の一つの典型であるとするなら、今日の友人関係は、以前のそれに比べて「希薄」になったと考えるべきなのだろうか。そもそも私たちにとって「友人」や「友だち」とは、どのような関係にある人のことを指すのだろうか。私たちにとって「友人」という関係が一定の「親しさ」を伴った関係であるとするなら、「友人」関係を問い返すということは、私たちにとっての「親しさ」、「親密さ」のあり方を問い返すことでもある。では、今日の私たちにとっての「親しい」、「親密な」関係とは、どのような関係のことを言うのだろうか。

本章では、今日の私たちにとっての「親しい」、「友人」関係とはどのようなものなのかということを調査データから考察する。

2　一九九〇年代以降の若者の友人関係をめぐる議論

一九九〇年代には、私たちの身近な人間関係のあり方が変容しているという指摘が、よくなされた。若者を対象にした議論に限ってみても、現代の日本社会全体における共同体の崩壊や価値観の多様化から若者の秩序や意味世界を支える規範が失効し、人間関係やコミュニケーションの希薄化が見られるようになったという指摘は、決して少ないものではなかった。例えば、精神科医の大平健は、自らの診察室を訪れた若者たちを診察する中で、彼らの中に、「相手の気持ちに踏み込んでいかぬように気をつけながら、滑らかで暖かい関係を保っていこう」(大平 1995:71) と努めている者がいることに気づき、そうした志向を現代の若者に特有の「やさしさ」として指摘している。

一方、青年心理学や社会心理学においても、現代の若者の友人関係がだんだんと「希薄」になってきていることを指摘するものが少なくない。例えば、久世敏雄や諸井克英は、近年の若者の友人関係に関して、親密な関係を構築するために必要な能力である対人スキルの低下を指摘している（久世 1994：113–117，諸井 1999：189–215）。また、松井豊は、青年期の友人関係は、心理的安定化、発達のモデルの提示、対人（コミュニケーション）スキルの学習といった社会化の機能を担うものであることを指摘し、その上で、最近の若者の友人関係には、友人との全人格的な融合を避けて、距離を保ち、一面的で部分的な関係にとどめようとする隔離的部分的な志向性と功利主義的な態度が見られるということを述べ、これが上述の社会化機能に悪影響を与えることに懸念を表明している（松井 1990：283–296，松井 1996：19–54）。

こうした議論は、しばしば友人関係の「希薄化論」として言及されるものである（松田 2000：111–122）。だが、希薄化論にはいくつかの疑問も感じられる。私たちの調査データからは、希薄化論を必ずしも支持しないような結果も得られている。そのような点のいくつかを見ていくことにしよう。

2–1　希薄化論への疑問

現代の若者の友人関係の希薄化論に対する第一の疑問は、そもそも友人関係が「希薄になる」とは、どのような事態を指すのかという疑問である。「希薄化」ということが強調される割には、実際にどうなることが「希薄になる」ことなのかが、意外に明確ではない。あるいは逆に考えるならば、「希薄ではない」関係とは、どのような関係を指すのだろうか。この点もはっきりしない。では、そもそも「希薄ではない」、すなわち「親密な」関係とは、どのような関係を指すのだろうか。

山田昌弘によれば、親密な関係とは「コミュニケーションが活性化している状態」(山田 1992:61)であるという。また、アーヴィン・ゴフマンは、「行為者が受容者の通常の個人的領域への侵害についてなんの配慮を示す必要もなく、また、そのプライバシーに侵入することで相手を汚染することになんの危惧を懐く必要もない場合には、われわれは、行為者が受容者と親密な関係にあると言う」(Goffman 1967=1986:59)と述べている。一方、大坊郁夫は、親密な関係の基本的な特徴として、「その人との独特なルールをもち、相手へのコミットメントが大きく、お互いに頻繁に大きな影響を与え合い、共有する情報が多く、円滑で効率のいい安定したコミュニケーションが可能で、緊張が少ない」、「相手を理解し、相手といることで安心でき、暖かい感情を抱き、相手に責任を持ち、共同の決定がなされやすく、スムーズな意志疎通ができる」(大坊 1998:156)ということを指摘している。その上で、大坊は、「親密な対人関係を築いていくためには、お互いに自分がどのような特徴を持っているかを相手に伝え、正確な理解をしていかなければなりません」(大坊 1998:183)と述べ、親密な関係の形成における自己開示の重要性を指摘している。

これらの議論をまとめると、おおよそ次のようになるだろう。対人関係——ここでは特にその友人関係——が「親密」であるためには、そこでコミュニケーション——自己に関するメッセージの発信とその肯定的受容——が円滑に行われ、安心と信頼が構築されることが不可欠である。そうした関係を築くためには、一定の対人スキルの体得が不可欠である。そして、つきあいが「深い」か

「浅い」かに関して重要なことは、浅野智彦の言葉を借りるなら、個人の「内面」の「深み」に秘められた「自己」＝「本当の自分」を中心に置いて、これをいかに相手に開示し、それをどの程度共有できるかである（浅野 1999:47）。

友人関係の希薄化論は、このような図式を前提として、そこからコミュニケーションと信頼の構築に必要な対人スキルの低下を指摘している。対人スキルが低下しているから、相手に対して「内面」の「深み」に秘められた「自己」を開示することができない。このような「深い」自己開示が行われないから、そこに信頼は築かれず、つきあいは「浅い」、「希薄な」ものとなる。対人関係が「浅く」なれば、ますます対人スキルが身につかずという具合に、まさに悪循環に陥るというのである（久世 1994:113）。

ところで、浅野は、今日、「希薄化」と称されるような変化は、むしろ親密さに関する図式そのものの解体ではないのか、と指摘している。これは、私たちが前提にしてきた親密な関係に関する図式――自己の内面の奥深くを開示し、それが受容され、信頼が構築されることで親密な関係が構成される――自体が失効してきているのではないか、という指摘である。もしそうだとすれば、若者たちの間ではこれまでの〈深い―浅い〉といった図式では測りえないような関係が、「親しい」、「友人」関係を構成すると考えられるようになってきているのかもしれない。ならば、従来の図式を前提にして友人関係の変化をとらえる議論は、大きな修正を迫られることになるかもしれない。

友人関係の希薄化論に対する第二の疑問はこうだ。希薄化論においては、友人関係が希薄化することによって、友人関係が担ってきた対人スキルの学習などといった社会化機能が機能低下を引き起こすとされている。だが、これは本当なのか、という点である。友人関係が質的に変化したなら、その社会化機能は、また別の形で果たされるようになるということはないのだろうか。この点が疑問である。

さらに第三の疑問は、希薄化論では、あたかもすべての友人関係が希薄なものに取って代わられたかのように論じられているが、はたしてそれは本当なのか、という点である。友人関係の希薄化とは、単に「友人」のカテゴリーが拡大し、従来の友人概念も残しながら、これまでは「友人」とは呼びえなかったような（従来の図式からすれば）「希薄な」関係も、「友人」のカテゴリーに含まれるようになった、ということではないのか。従来のような友人関係も、これまでの友人関係には見られなかったような関係も、いずれも「友人」としてとらえられ、それらが場面に応じて使い分けられるようになったのではないのだろうか。もしそうだとするなら、第二の疑問で議論したような社会化機能は、残存した従来型の友人関係の中で果たされることになり、それほど危惧する必要はないということになるだろう。

友人関係の中に多様なものが含まれ、それらが選択的に使い分けられるようになった、このように若者の友人関係の変化を把握しようとするのが、いわゆる友人関係の「選択化論」と呼ばれる立場である（松田 2000:111–122）。選択化論は、主として希薄化論に対するオルタナティヴとして議論された。確かに、選択化論は、従来の希薄化論に対していくつかの批判を行ったが、そこにはまた別の疑問も浮かんでくる。そこで、今度は選択化論について検討を行うことにしよう。

2-2　選択化論に対する疑問

現代の若者の友人関係の変化を「選択化」として把握する主張の第一の要点は、現代の若者の友人関係は必ずしも希薄化しているとは言えない、という点である。例えば、辻大介などは、いくつかの統計データなどをもとに、若者の友人関係は、人数的にも満足感といった点においても衰退しておらず、その点において希薄化しているとは言えないと主張している。その上で、辻などは、今日の若者の友人関係においては、様々なタイプの友人が場面に応じて選択的に使い分けられていると述べている（水野・辻 1996，辻 1999）。

また、浅野は、「今日の若者の友人関係が『浅い』ものに見えるとしたら、それは要するに『深さ』という次元を想定するから（その尺度の内部では）『浅く』見えるというだけのことだ」（浅野 1999：48）という。その上で、これまでの「親密な」関係は、主として家族や夫婦、恋人などといった生活の広範な文脈を共有する、包括的な関係の場で取り結ばれていたために「深さ」を基にした親密さの図式が信憑されてきたが、今日においては、そうした包括的な関係は徐々に縮小しつつあり、包括的ではないが親密であるような関係が拡大している。それは、参入・離脱の比較的容易な関係において、生活の文脈を限定的・選択的にのみ共有するような親密性であるというのである（浅野 1999：47–50）。

はたして友人関係の選択化は、希薄化を否定する変化として排他的に生じているのだろうか。辻などが述べるように、今日の若者の友人関係が、多様なものを内包し、それが選択的に使い分けられているのだとしたら、友人関係を構成する一つのタイプとして、いわゆる「希薄な関係」とされるような関係が選択肢の一つに含まれるということは十分ありえるはずである。とするなら、たとえ選択化という変化が生じたとしても、同時に希薄化も生じているということがありえるわけで、選択化が希薄化を否定することには必ずしもつながらないということになる。

また、浅野は、今日の親密な関係の変化を、包括的な関係から生活の文脈を限定的・選択的に共有する関係への変化と、そうした関係を評価する〈深い—浅い〉といった図式の解体という二つの変化としてとらえている。確かに〈深い—浅い〉という図式を前提としなければ、字義的には、その変化は「希薄化」には値しないことになるが、ここでは関係の構造自体は包括的なものから限定的なものに変化していると認められており、その点においては、(従来の図式から見た)「希薄化」は必ずしも否定されていないのである。

これらの点を考えるなら、選択化論をもって希薄化論を完全に否定することは困難だということになるだろう。むしろ選択化論において強調されるべきなのは、従来型の〈深い—浅い〉といった親しさの図式が解体することによって、これまでの常識的な感覚では思いもよらなかったような関係が、「親しい」、「友人」関係として認識される可能性が生じたという点なのではないのだろうか。もちろん、このことは、これまでのような友人関係が、もはや「友人」とはみなされなくなったということを意味しているわけではない。これまでのような友人関係も、今までの友人関係には見られなかったような関係も、いずれもが「友人」として認識され、それらが場面に応じて選択的に使い分けられるようになった、こうした変化こそが友人関係の選択化論の真に含意するところなのではないだろうか。

では、これまで議論してきた希薄化論、選択化論が主張するような状況に、今日の若者の友人関係はなっているのだろうか。この点を調査データから検証してみることにしよう。

3　調査データから見る今日の若者の友人関係

3–1　友人の量

そもそも今日の若者の友人関係は、本当に希薄化しているのか。希薄化論が指摘しているような変化が進行しているとするならば、極端な場合、人は友人を持たなくなるというような事態も考えられないわけではない。そこで、まずは今日の若者には、友人が何人ぐらいいるのかという点から確認することにしよう。私たちの調査データでは、友人を「親友」と「仲のよい友だち」に分けて質問した。結果は、親友が三・八人、仲のよい友だちが一四・七人であった。また、親友がいないと回答した人の割合は、六・九％であった。この数字は、私たちのグループが一九九二年に行った調査データの一〇・一％の数字よりも減少している。

図表 4-1　友人とのつきあい方（肯定的回答の割合（%））

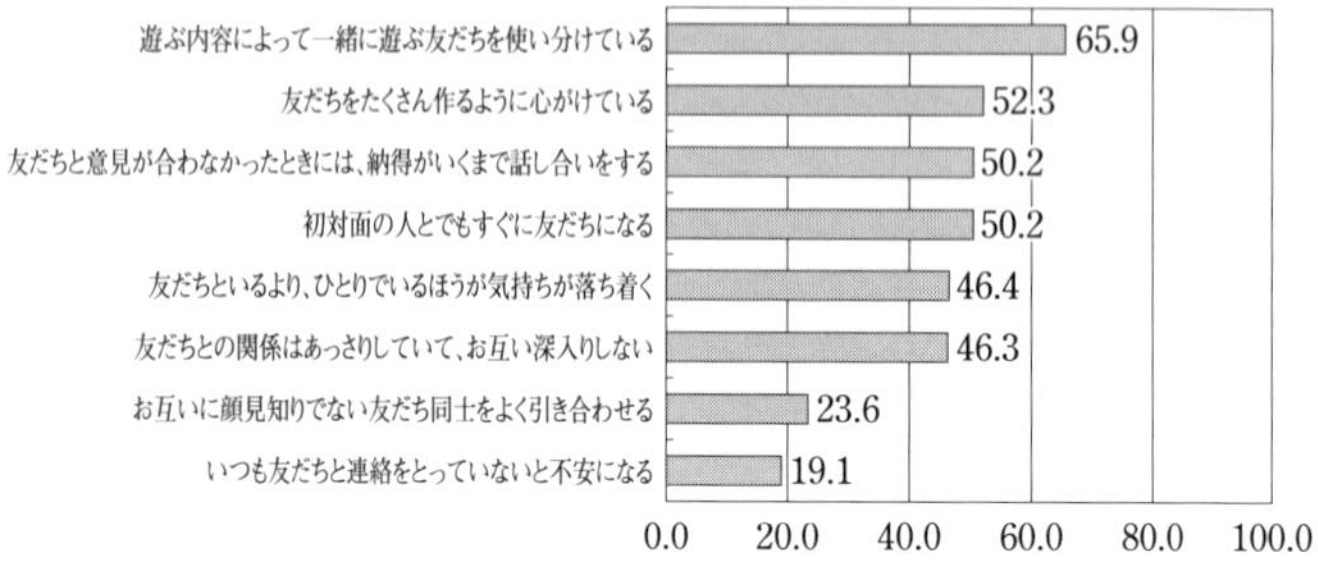

以上の点からは、今日の若者が、少なくとも友人関係から大きく撤退しているわけではないと言える。この結果をふまえてなお友人関係の「希薄化」を見出すとすれば、それは友人関係の質的な、具体的には、そのつきあい方の内容の内に見出されることになるだろう。

3-2　友人とのつきあい方

では、友人とのつきあい方についてみてみよう。データは図表4-1の通りである。このデータの中で特徴的なことは、第一に、今回の調査で行った質問の中では、結果として肯定／否定が相半ばする項目が多かったということである。具体的には、「友だちをたくさん作るように心がけている」、「友だちと意見が合わなかったときには、納得がいくまで話し合いをする」、「初対面の人とでもすぐに友だちになる」、「友だちといるより、ひとりでいるほうが気持ちが落ち着く」、「友だちとの関係はあっさりしていて、お互いに深入りしない」といった質問で、肯定的／否定的な回答が相半ばしていた。

これは、今日の若者の友人関係については特定の傾向が見られるということではなく、それぞれの人が、さまざまなつきあい方をするようになっているということである。友だちをたくさん作るように心がけている人もいれば、そうでない人もいる。友だちとの関係はあっさりしていて、お互いに深入りしない人もいれば、深くつきあうことを求める人もいる、といった具合である。つまり、希薄化を肯定するような質問——「友だちといるより、ひとりでいるほうが気持ちが落ち着く」、「友だちとの関係はあっさりしていて、お互いに深入りしない」——について回答が割れているという結果からは、単純に全体的に友人関係が希薄になっているとは言えないということになるだろう（もちろん、これは、すべての友人関係が希薄になっていないということを意味しているわけではない）。

第二に、「希薄化」と呼ばれるものの傾向に対して、「選択化」と呼ばれるものに対しても、今回のデータからは一定の傾向を読みとることができる。まず、選択的な友人関係を測る「遊ぶ内容によって一緒に遊ぶ友だちを使い分けている」という質問に対しては、六五・九％の人が肯定的な回答をしている。また、選択的な関係の逆を測定する「互いに顔見知りでない友だち同士をよく引き合わせる」という質問に対する肯定的回答は、二三・六％にとどまっている。ということは、約三人に二人は、友人関係は選択的であると回答していると考えられ、選択的な友人関係のあり方がある程度一般的になっている傾向を読みとることができる。

選択的な友人関係は、比較的一般的になっているようだが、希薄な友人関係が一般的になっているとは必ずしも言えない。人によっては友人関係が希薄になっている人もいるし、今でも友だちとはお互いに深くつきあうことを心がけている人もいるといった具合である。これが、ここまでのところでデータから言えることである。

3-3　社会化機能の現状

次に、希薄化論が危惧する、友人関係の希薄化に伴う社会化機能の低下が、実際に進行しているのかを確認することにしよう。

3-2で確認したように、今日の若者の友人関係は総じて、つきあいの内容に応じた様々な関係がその時々に応じて選択的に使い分けられるものになっていた。そうであるとするなら、その使い分けられる諸々の関係によって、果たされている機能も様々であることが予想される。ならば、従来の友人関係論が想定していたような社会化機能は、「友人」とされる関係の中のどのようなタイプの関係が担うようになったのだろうか。それとも、希薄化論が危惧していたように、社会化機能は今日の友人関係の中では果たされなくなってしまったのだろうか。

今回の調査では、便宜的に「友人」カテゴリーの下に「親友」、「仲のよい友だち」と二つのカテゴリーを用意した。これらは、つきあい方の濃淡の度合いを表すものとして用意されたカテゴリーである。そして、いずれかのタイプが従来の社会化機能を担っていれば、少なくとも希薄化論が危惧しているような社会化機能の喪失という事態は、免れることになるだろう。そこで、ここでは社会化機能を担っている可能性の高い「親友」に関して質問を行った。具体的には、友人関係の社会

図表 4-2　親友に対して感じること（複数回答）

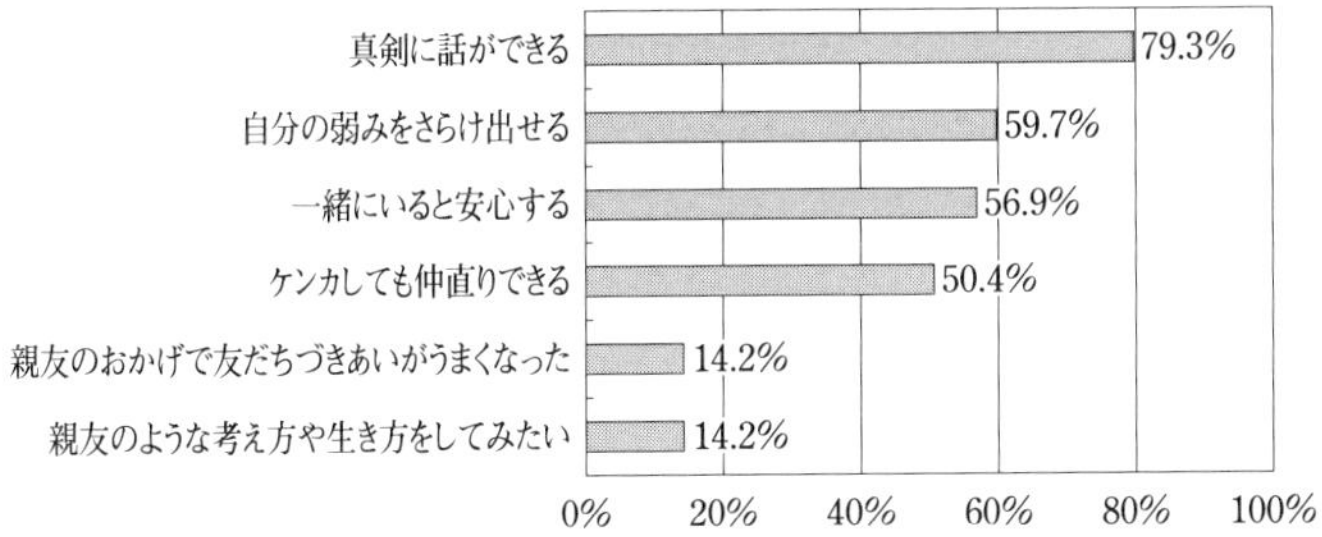

化機能として指摘（松井 1990：290–292）される三機能――（心理的）安定化、対人スキルの学習、モデルの提示――に応じて設定された各項目を、回答者が親友に対して感じているかを問うた。

その結果が、図表4‐2である。この結果によれば、心理的安定化の機能を示す「真剣に話ができる」、「一緒にいると安心する」、対人スキルの学習機能を示す「自分の弱みをさらけ出せる」、「ケンカしても仲直りできる」の各項目に関しては、いずれも五割以上、「真剣に話ができる」に至っては八割近い回答者が、これを「感じている」と述べている。

この結果からすれば、心理的安定化と対人スキルの学習の機能については、少なくとも親友関係においては、ある程度は担われているとみなしてよさそうである。

一方、モデルの提示機能についての結果は顕著である。「親友のおかげで友だちづきあいがうまくなった」、「親友のような生き方や考え方をしてみたい」のいずれの項目についても、これを支持する回答は一割強にしかすぎない。この結果からすれば、親友は、青年心理学が指摘しているほどには発達上のモデルとして機能していないということが言えるだろう。

以上をまとめると、今回のデータからは、友人関係の希薄化論が危惧するような、友人関係の変化に伴う友人関係の社会化機能の低下という問題は、心理的安定化と対人スキルの学習という二つの機能に関しては、「親友」が、それを一定程度担っていることが確認された。一方、従来、友人関係の機能の一つとして考えられてきたモデルの提示という機能については、少なくとも「親友」に関しては、果たされていないということが確認された。

この結果からすれば、少なくとも心理的安定化と対人スキルの獲得の二機能に関しては、希薄化論がするほどの危惧はしなくてよいのではないだろうか。つまり、ここで重要なことは、たとえ希薄化論が指摘するような関係の変化が生じていたとしても（3-2において確認されたのは、希薄化についてはしているともしていないともいえないということであった）、希薄化によって低下するとされていた社会化機能は、モデルの提示機能は低下しているものの、それ以外の機能については今もそれなりに機能しているということである。今日の若者の友人関係のあり方を理解する上では、この点については確認しておくことが重要であろう。

3-4 親しさの要件

それでは今度は、親しい友人関係を構築する際に、若者たちがどのような点を重視しているのかという点をみてみることにしよう。

図表4-3を見ると、友人と親しくなる際に重視するという回答が多く挙げられた項目は、「相手の考え方に共感できること」(八六・四%)、「相手と趣味や関心が近いこと」(八二・一%)であり、逆に重視するという回答が少なかった項目は、「相手の社会的な立場や地位が高いこと」(六・〇%)、「相手の容姿や顔立ちが自分の好みであること」(三二・〇%)、「相手のファッション(服装や髪型など)が自分の好みであること」(二五・一%)であった。これらの項目について、共通する要素を持つものどうしを結びつけて分類する操作(因子分析)を行うと、そこには五つの要素を見出すことができた。この要素は、それぞれ「内面的要素」、「外面的要素」、「属性的要素」、「信用的要素」、「ノリ的要素」といった内容を持つものである。この結果をさきの項目に照らし合わせてみると、親しくなる際に重視されている割合が大きいのは、内面的要素を中心に構成されている項目であり、逆にその割合が小さいのは、外面的要素や属性的要素が中心の項目であった。

このことから言えることは、今日の若者の多くは、友人と親しくなるかどうかに関して、相手の内面的な要素を重視しているということである。すなわち、彼らは友人と親しくなるかどうかについて、例えば、「相手の考え方に共感できるか」や「相手と趣味や関心事が近いか」などといった点から判断しているのである。この点からすれば、少なくとも友人と親しくなる際には、互いの自己の内面を理解することが重視されており、その点において、希薄化論が指摘しているような友人関係における互いの内面に対する理解の軽視といった事態は、少なくともそれが多数派であるとは

図表 4-3　友人と親しくなる際に重視するポイントの因子分析（回転後の因子負荷量）

因子の内容	外面的要素	属性的要素	内面的要素	信用的要素	ノリ的要素	肯定的回答の割合
相手の容姿や顔立ちが自分の好みであること	0.842	0.108	0.107	0.045	0.113	21.0%
相手のファッション（服装や髪型など）が自分の好みであること	0.766	0.105	0.182	0.080	0.062	25.1%
相手が同性であること	0.102	0.713	0.016	0.162	0.011	25.9%
相手の年齢が自分と近いこと	0.113	0.686	0.062	0.112	0.234	41.5%
相手の社会的な立場や地位が高いこと	0.291	0.262	−0.019	0.229	0.088	6.0%
相手と趣味や関心が近いこと	0.157	0.076	0.597	−0.016	0.133	82.1%
相手の考え方に共感できること	0.044	−0.018	0.581	0.118	0.023	86.4%
相手の本名（フルネーム）を知っていること	0.103	0.235	0.045	0.556	−0.050	48.6%
つきあいが長く続きそうだと思うこと	0.026	0.049	0.108	0.547	0.289	59.7%
その場その場でノリがよいこと	0.118	0.139	0.114	0.099	0.509	48.3%
負荷量平方和（分散の%）［計 45.5%］	14.6%	11.5%	7.7%	7.3%	4.4%	

※因子抽出法：主因子法
※回転法：バリマックス法
※「相手の社会的な立場や地位が高いこと」は、第1因子の因子負荷量の方が若干大きいが、ここでは内容的な観点から第2因子の構成要素として解釈している
※「肯定的回答の割合」は、「重視する」、「どちらかといえば重視する」という回答の割合の合計

図表 4-4　友人と親しくなる際に重視する要素と性別、年齢、つきあい方との関連（因子得点の平均値の比較）

		内面的要素	外面的要素	属性的要素
友だちとの関係はあっさりしていて、お互いに深入りしない	そうだ	−0.076	0.093	0.076
	そうではない	0.063	−0.085	−0.061
		**	**	**
友だちと意見が合わなかったときには、納得がいくまで話し合いをする	そうだ	0.044	−0.040	−0.100
	そうではない	−0.048	0.037	0.109
		*	n. s.	**

※*…p＜0.05　**…p＜0.01（F 検定による）

言えないのである。

次に、友人とのつきあい方と親しくなる際に重視する要素との関連を検討してみよう。3-2では、友人とのつきあい方に関して、それが相対的に希薄化している人とそうでない人との割合は、ほぼ半々であった。では、友人とのつきあい方が希薄な人とそうでない人では、友人と親しくなる際に重視する点に違いはあるのだろうか。

図表4-4をみると、「友だちとの関係はあっさりしていて、お互いに深入りしない」という人は、友人と親しくなる際に重視する要素として、外面的要素や属性的要素を重視している度合いが相対的に高く、内面的要素に関しては、重視の度合いが相対的に低くなっている。また、「友だちと意見が合わなかったときには、納得がいくまで話し合いをする」という人は、内面的な要素を相対的に重視し、属性的な要素を重視する度合いもそうでない人に比べて低くなっている。この結果からすると、友人とのつきあい方が希薄になっている人は、親しくなる際に重視する要素についても、内面的な要素よりも外面的な要素や

属性的な要素を重視している傾向がうかがえる。つきあい方が希薄な人とそうでない人の割合はほぼ半々であり、逆に言えば、約半数の人は、友人と親しくなる際には内面的な要素がより重要であると考えていると言えるだろう。

以上の結果において、若者の友人関係のすべてが希薄化しているかのように論じる「希薄化論」は、必ずしも当たっているとは言えない。かといって、若者の友人関係がまったく希薄化していないとも言えない。約半数の若者の友人関係は相対的に希薄である。どうやら今日の若者の友人関係は、希薄化の流れとその抵抗とのせめぎ合いのさなかにあるようである。そして、その妥協の産物が、親しくなれる人とはより親しくつき合い、そうでない人とは距離を置いた関係を保つ、というつきあい方なのかもしれない。

彼らにとっては、そのいずれもが「友だち」であり、それぞれの関係を選択的に使い分けることが、友人関係を上手にマネージする「スキル」と化しているようにみえる。そうした多様な友人関係が交錯する中では、従来のような自己の内面の開示をもとにした〈深い—浅い〉といった親密さの図式自体が維持しにくくなっているのではないか。そんな様子が、調査データからはうかがえるのである。

それにしても、若者の友人関係は、なぜ希薄化するのだろうか。彼らにとって、親密な関係を築く——自己の内面を開示し、それを受け容れてもらう中で安心と信頼を構築していく——ことは、どうしてそんなにも難しいことになってしまったのだろうか。データからはやや離れることになるが、以下ではこの理由を考えていくことにしよう。

4 「友人」概念の拡大の背景――「親しさ」をめぐる意識の変容

4‐1 自己開示に基づく親密な関係の形成とそのリスク

そもそも対人関係における「親密な関係」とは、どのような関係のことを指すのだろうか。これまで見てきたように、社会心理学などの議論によれば、おおよそ「親密な関係」とは、円滑なコミュニケーションを通じて安心と信頼が構築された関係であるということであった。ここで得られる安心とは、精神医学者のロナルド・レインが言うような、「自分の存在を実在的な、生ける、全体的なものとして体験する」（Laing 1960＝1971：51）ことを可能とするような存在論的な安心であろう。このような安心は、自己に関するメッセージを他者が肯定し、受け容れ、承認することによって得られるものである。この安心はまた、自己に関するメッセージを肯定してくれる他者に対する一種の信頼の感覚でもある。こうしたコミュニケーションを通じて、人は自らの人格的な存在を確認する。

ここで重要なことは、この安心や信頼は、自己が発するメッセージを他者が承認して初めて得られるということである。つまり、ここには常に「否定」や「無視」など、「承認されない」という可能性――「リスク」――が存在している。もし、発したメッセージが否定されたなら、そこには安心や信頼とは逆の、不安や不信が生まれることになるだろう。不安や不信は、さらなるメッセージの否定を予期させる。ゆえに、不安や不信に陥った人は、自己に関するメッセージを発することを抑制するようになるだろう。しかし、メッセージを積極的に発することをやめてしまえば、そこにもたらされるのは、さらなる不安と不信である。こうしてコミュニケーションは悪循環に陥っていく。

ここで確認しておきたいのは、人は、「否定」や「無視」というリスクがある中でメッセージを発し、それを他者に承認してもらうことで、その他者（の人格）に対する安心や信頼を形成していくということである。つまり、「親密」な関係の形成に不可欠とされる、自己を他者に開示するという行為は、実は常にその否定の可能性を内包した、極めてリスキーな行為なのである。

信頼は、自己が発するメッセージを他者が承認するという経験を通じて得られるものである。また、自己がメッセージを発するということは、常に他者からの否定の可能性を内包したリスキーな行為である。だが、ニクラス・ルーマンによれば、自己が他者に対してメッセージを発する時には、そのメッセージが期待通り受け容れられるだろうという信頼が前提として成り立っているという（Luhmann 1973＝1990：72）。

ここで親密な関係を構築するコミュニケーションの流れを図にするなら、図表4-5のようになるだろう。すなわち、「親密」な関係を構成する安心や信頼は、自己に関するメッセージが他者から肯定され、受け容れられることによって築かれる。そして、そこに信頼があることで、さらに自己に関するメッセージが発せられ、コミュニケーションが続いていく。
しかし、自己に関するメッセージは、常にその否定の可能性を抱えている。もし、それが否定されたなら、そこに安心や信頼は築かれず、逆に不安や不信がもたらされる。そして、不安や不信のもとでは、自己開示は抑制され、それがまた不安や不信を増大させていく。

図表 4-5　親密な関係を構成するコミュニケーションの構造とそのリスク

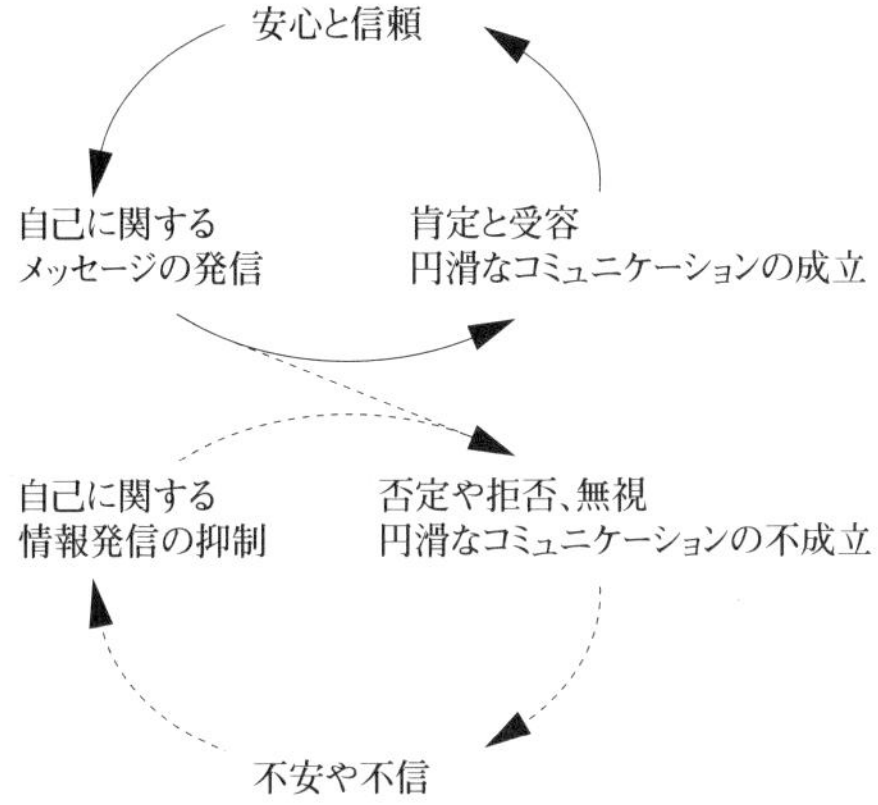

ところで、この一連の流れには、よく見ると奇妙なところがある。ここで、親密な関係を構成する安心や信頼を得るためには、自己に関するメッセージが他者から肯定され、受け容れられることが必要である。しかし、ルーマンの指摘に従うなら、そもそもこのメッセージが発せられるためには、そのメッセージが他者から受け容れられるであろうという信頼が成り立っていなければならない。だが、その信頼は、他者による自己開示の受容によってもたらされるものである。しかし、自己開示のためには…、というように、ここでは結果と前提が循環関係を構成しているのである。

つまり、コミュニケーションの結果として「親密」な関係を構成するはずの人格的な信頼は、実はコミュニケーションを開始する時点において先取り的に成立してしまっているのである。従って、コミュニケーションの成功の根拠をそのコミュニケーションの内部に問うことは不可能である。ひとたび根拠を問うた途端、それは矛盾であることが露呈する。ひとたびその矛盾が露呈してしまったなら、そこに残るのは、否定や無視のリスクだけである。もしここで、リスクを回避することを最優先にして考えるのであれば、自己に関するメッセージの発信はできるだけ抑制した方がよいという判断になるだろう。

4-2 現代の若者のコミュニケーション戦略

ところで、コミュニケーションの開始の前提が、コミュニケーション自体の成功によってもたらされる人格的な信頼にしかないのであれば、それはさきにみたように、どこまで遡ろうとも満たされえない。にもかかわらず、人はコミュニケーションを開始する。これは、いかにして可能となるのか。

おそらく私たちは、人格的な信頼だけをもとにコミュニケーションを行っているわけではない。人格に対する信頼が調達できなくても、何かしら外部からその代わりとなる信頼が調達できれば、とりあえずコミュニケーションを開始することは可能になるはずである。そして、このような信頼としては、例えば一つには、役割に対する信頼を挙げることができるだろう。私たちは、初対面の電器店の店員に買いたいパソコンの性能について質問することもできるし、駅員に乗り換え路線を尋ねることもできる。これは、そうした役割に信頼を置いているからである。ただし、ここでのやりとりは、あくまで役割に関連した非人格的な内容に限定され、友人関係を基礎づけるような人格的コミュニケーションが行われているわけではない。このような人格的／非人格的コミュニケーションの落差を埋めていこうとするなら、例えば、西欧社会における「市民」であることに対する信頼のような、何かしら人格の一貫性を保証するような信頼がなければならないということになるだろう。

宮台真司によれば、近世後期以降の日本社会では、同じ共同体の一員であることには全面的な信頼が置かれてきたという。私たちは、「同じ体育会だ、同じ会社だ、同じ郷里だというだけで信頼し、自分と同一の関心主題や処理枠組を相手に押しつけてしまう」（宮台 1994:262–263）というのである。こうした共同性は、近世的な村落的共同性から、「近代天皇制」に象徴される「世間」という共同性を経て、一九六〇年代の団塊の世代までは「若者」という世代の共同性として形を変えつつも維持されてきた。しかし、一九七〇年代に入ると、この共同性は消失し、私たちの誰しもが信頼を寄せることのできる前提は失われてしまったというのである（宮台 1994:254–269）。

このような前提の消失した状況下では、再び自己開示とその受容に基づく信頼の調達を巡る矛盾が顕在化し、改めて自己開示に随伴するリスクが前面に現れてくることになる。そうした状況に対応する戦略としては、次のようなものが考えられる。

第一の戦略は、初対面の人に対して、さしあたりのコミュニケーションの開始を可能とするような暫定的な共同性——同じクラスである、同い年である、服装の趣味が似ている、好きなテレビ番組が同じであるなど——をとりあえず信頼してコミュニケーションを開始し、そのコミュニケーションの文脈から外に出ないようにすることである。その場合、大きなリスクを賭けるのは、コミュニケーションを開始しようとする最初だけであり、その後は、共有するコミュニケーションの文脈を外れない限り、比較的円滑なコミュニケーションを維持することができる。しかし、逆に言えば、このようなコミュニケーションを続けている限り、そこから自己の内面を開示するようなコミュニケーションに移行することはない（そのためには別の信頼や新たなリスクへの賭けが必要になる）。また、そもそも暫定的な共同性さえ見出しえない相手とは、コミュニケーションを開始すること自体できない。コミュニケーションの開始の前提となる信頼がないため、「何を話していいのかわからない」、「何を言っているのかわからない」、「話が通じない」という事態に陥るのである。浅野が述べる「選択的コミットメント」（浅野 1999:50）や宮台が描く島宇宙の中の「共振的コミュニケーション」（宮台 1994:259）は、このようなタイプのコミュニケーションであると考えられる。

では、このようなコミュニケーションからスタートしつつも、なお人格的な信頼を確立しようとするなら、どうしたらよいか。

おそらく、そのためには、暫定的な共同性や役割などへの信頼をもとに開始したコミュニケーションを出発点に、共有できる信頼の前提を探りながらコミュニケーションの文脈を徐々に展開し、

郵便はがき

恐縮ですが切手をお貼り下さい

112-0005

東京都文京区
水道二丁目一番一号

勁草書房
愛読者カード係

(小社へのご意見・ご要望などお知らせください。)


本カードをお送りいただいた方に「総合図書目録」をお送りいたします。

HPを開いております。ご利用下さい。http://www.keisoshobo.co.jp
裏面の「書籍注文書」を小社刊行図書のご注文にご利用ください。

より早く、確実にご指定の書店でお求めいただけます。

近くに書店がない場合は宅配便で直送いたします。配達時に商品と引換えに、本代と送料をお支払い下さい。送料は、何冊でも1件につき210円です。(2003年4月現在)

愛読者カード

65311-6　C3036

本書名　検証・若者の変貌

お名前《りがな》　　　　　　　　　　（　　　歳）

ご職業

ご住所　〒　　　　　　　　　電話（　　　）　　－

メールアドレス

メールマガジン配信ご希望の方は、アドレスをご記入下さい。

本書を何でお知りになりましたか　　書店店頭（　　　　　書店）

http://www.keisoshobo.co.jp

目録、書評、チラシ、その他（　　　）新聞広告（　　　　　新聞）

本書についてご意見・ご感想をお聞かせ下さい。（ご返事の一部はホームページにも掲載いたします。）

◇書籍注文書◇

最寄りご指定書店			
市　　町（区）	（書名）	¥	（　　）部
	（書名）	¥	（　　）部
書店	（書名）	¥	（　　）部
	（書名）	¥	（　　）部

ご記入いただいた個人情報につきましては、弊社からお客様へのご案内以外には使用致しません。

最終的に人格的な信頼を築き上げていくというやり方をとるしかないだろう。これが第二の戦略である。もちろん、この場合、人格的なコミュニケーションへの展開を図る過程で、多くの「否定」のリスクに直面することになる。だが、このやり方をとろうとするなら、リスクがあろうともそれに賭けるしかない。多くのリスクと対峙しつつも、なお人格的な信頼を築くことを目指す。人格的な信頼の可能性を極力信憑するのであれば、とりうる戦略はそのようなものになるのではないだろうか。

一方、第三の戦略としては、コミュニケーションに随伴する「否定」のリスクを徹底的に回避しようとするやり方が考えられる。さきに述べた「共振的コミュニケーション」などでは、少なくとも初対面の人に対してコミュニケーションを開始する当初は、暫定的な共同性を信頼しつつも、相当なリスクを賭けることが必要になる。当然、このリスクをも回避したいと考えることもできるはずである。その場合、リスクを回避することを最優先に考えるのであれば、あらゆるコミュニケーションからできる限り撤退するという戦略をとることになるだろう。もちろん初対面の人に不用意に話しかけるようなことはしないし、たとえ役割関係などによってコミュニケーションが開始されたとしても、少なくとも自己の内面を開示するようなコミュニケーションになることは極力避ける。こうすることでコミュニケーションに随伴する「否定」のリスクを徹底的に回避する。この場合、他者に関心がないからコミュニケーションを回避するのではない。そうではなく、まさにゴフマンが描く「回避儀礼」（Goffman 1967＝1986：57–66）を励行するように、相手との関係を尊重（いわば波風を立てないように）すればこそ「否定」のリスクを最小化し、その限りにおいて安心と信頼ので きる居心地のよい関係を構築しようとするのである。(3)

ここで類型的に描かれた三つの戦略に基づいて築かれたそれぞれの友人関係では、そのつきあい方の内容は相当異なったものになるだろう。しかし、おそらくそれぞれの戦略をとっている者にとっては、そこで築かれた友人関係こそが「友人」であり、「親しい」関係のあるべき姿だと理解されているのではないだろうか。ゆえに、例えば、第二の戦略をとる者からすれば、第一の戦略に基づく友人関係は「希薄」なものに見えるであろうし、第三の戦略をとる者からすれば、第二の戦略に基づく友人関係には、「なぜお互いに傷つくかもしれないようなことを言い合ったりして、それで『友だち』などと言えるのか」という疑問を抱くことになるだろう。

それぞれの戦略のとり方によって、どのようなつきあいをする関係を「友人」とするのか、「親しい」関係が築かれるためにはどのような要件が満たされなければならないと考えるのか、といった点が異なってくる。もしそうだとするなら、もはや友人関係の質は、その自己開示の度合いによって〈深い—浅い〉と位置づけるだけでは測りえなくなっており、もっと多元的な尺度によって測られることが必要になっていると言うことができるだろう。

それぞれの戦略のとり方によって、友人関係のあり方は大きく異なってくる。今日の若者の友人関係のあり方が多様になっている背景には、このような理由があるのではないだろうか。しかも、おそらくこのそれぞれの戦略は、一人の人間が持つ複数の友人関係の中でも使い分けられていることが予想される。最初は、「共振的なコミュニケーション」から始まった関係を、コミュニケーションを重ねる中で人格的な信頼を築くような関係に移行させたり、逆にちょっとした行き違い（コミュニケーションの失敗）から、リスク回避を最優先するようなコミュニケーションに戦略を変更したりといった具合に、一人の人間の中でも様々なコミュニケーション戦略が臨機応変に使い分けられているのではないだろうか。おそらく彼らの中では、それは具体的には、「親友」であるとか、「仲よし」であるとか、「仲間」だとか、「知り合い」だとかといった形で使い分けられているのであろう。しかし、そのような幅の広さを有しつつも、彼らにとってはいずれもが「友だち」なのである。このような点からも、今日の若者の友人関係は一様ではなく、さまざまな関係が選択的に使い分けられているのではないかと思われるのである。

5　今日の若者の友人関係と親密性のゆくえ

ここで改めて確認することにしよう。今日の若者の友人関係のあり方は、決して一様にとらえられるようなものではなくなっている。そして、そのさまざまな関係は、かなりの程度で選択的に使い分けられているようである。このことは、私たちの調査データからも傍証された。その点では、若者の友人関係をめぐるいわゆる「選択化論」の指摘は、基本的には当たっているようである。しかし、「選択化論」の中に見られた、「若者の友人関係は希薄になっているわけではない」という点については、必ずしも当たっていないようであった。いや、「当たっていない」という言い方は正確ではないかもしれない。「希薄化」ということを、「自己の内面を開示して人格的な信頼を築く度合いが減少した」ととらえるのであれば、友人とのつきあい方が全般的に希薄になっている人の割合は、私たちの調査データでは五割程度で、これは決して少ない数字であるとは言えない。しかし、だからと言って、いわゆる「親友」のような、人格的な信頼を抱いている友人が一人もいないかと言えば、九割以上の人が親友を有している。しかも、そこでは自己の内面を開示するようなコミュニケーションが、かなりの度合いで行われている。その意味では、「希薄になっているわけではない」とも言える。

どうやら今日の若者の友人関係では、全般的に友人関係が希薄である人もいれば、そうでない人もいるといった具合に、傾向としては分散しているということが言えそうである。しかも、一人の人が持つ友人関係の中にも、希薄な関係とそうでない関係が混在しており、それらは、かなり選択的に使い分けられているようである。

どうもこのような傾向の背景には、これまでのような、友人関係において自己の内面を開示し、人格的な信頼を築いていくというやり方が難しくなっている、ということがありそうである。自己を開示して信頼を築くよりも、そこで否定されたり、会話に詰まったりすることのリスクの方が、大きく意識されるようになってきているようなのである。その中で、若者は、一様に友人に人格的な信頼を求めるのではなく、あるところでは人格的な信頼を求め、あるところでは傷つけ合わないことを求めるといった具合に、それぞれに居心地のよい、様々な内容を持つ「親密な」関係を築き、使い分けるということをやっているのではないだろうか。

今日の若者の友人関係からうかがえるのは、彼らの「親密さ」がいくつもの多元的な要素の上に成り立っているようだということである。そこでは「親密さ」は、もはや自己の内面の開示の度合いから〈深い―浅い〉ということを位置づけるだけでは測りえなくなっている。

このような複雑さを理解しなければ、今日の若者の友人関係やそこでのコミュニケーションのあり方を理解することはできない。冒頭に挙げた、とあるオフ会に集う若者たちのコミュニケーションなどは、そのような複雑さをもってして、はじめて理解することが可能となるのである。

註

(1)「オフ会」については、他に「オフライン・ミーティング」という言い方もされる。これらは、電子ネットワーク上での出会い＝「オンライン」での出会いであるのに対し、ネットワークの外での出会い＝「オフライン」での出会いということで、このように呼ばれるようになったと言われている。

(2) ここに挙げた例は、筆者が見聞したいくつかの事例をもとに、フィクションとして再構成したものである。

(3) この安心ないし信頼は人格に対するものではない。いうならば、自分のコミュニケーションパターン（戦略）に対する信頼とでもいうべきものであろう。

文献

浅野智彦　一九九九「親密性の新しい形へ」富田英典・藤村正之編『みんなぼっちの世界――若者たちの東京・神戸90's・展開編』恒星社厚生閣
Goffman, Erving, 1967, *Interaction Ritual: Essays on Face to Face Behavior*. Random House Inc.＝一九八六　広瀬英彦・安江孝司訳、『儀礼としての相互行為――対面行動の社会学』法政大学出版局
久世敏雄　一九九四『現代青年の心理と病理』福村出版
Laing, Ronald, D. 1960, *The Divided Self*. Tavistock Publications Ltd.＝一九七一　阪本健二・志貴春彦訳、『ひき裂かれた自己――分裂病と分裂病質の実存的研究』みすず書房
Luhmann, Niklas, 1973, *Vertrauen: Ein Mechanismus der Reduktion sozialer Komplexitaet*. Ferdinand Enke Verlag.＝一九九〇　大庭健・正村俊之訳、『信頼――社会的な複雑性の縮減メカニズム』勁草書房
松田美佐　二〇〇〇「若者の友人関係と携帯電話利用――関係希薄化論から関係選択化論へ」『社会情報学研究』4
松井　豊　一九九〇「友人関係の機能」、菊池章夫・斎藤耕二編、『ハンドブック社会化の心理学――人間形成と社会と文化』川島書店
――　一九九六「親離れから異性との親密な関係の成立まで」、斎藤誠一編、『青年期の人間関係　人間関係の発達心理学4』培風館
宮台真司　一九九四『制服少女たちの選択』講談社
諸井克英・和田実・中村雅彦　一九九九『親しさが伝わるコミュニケーション――出会い・深まり・別れ』金子書房
水野博介・辻　大介　一九九六「若者の意識と情報コミュニケーション行動に関する実証研究（1）」

『埼玉大学紀要』32-2
大平健　一九九五　『やさしさの精神病理』岩波新書
大坊郁夫　一九九八　『しぐさのコミュニケーション――人は親しみをどう伝えあうか』サイエンス社
辻　大介　一九九九　「若者のコミュニケーションの変容と新しいメディア」、橋元良明・船津衛編、『子ども・青少年とコミュニケーション』北樹出版
山田昌弘　一九九二　「ゆらぐ恋愛はどこへいくのか――恋愛コミュニケーションの現在」アクロス編集室編『ポップ・コミュニケーション全書――カルトからカラオケまでニッポン「新」現象を解明する』ＰＡＲＣＯ出版

コラム　グループ間で平均値を比較する――t検定（平均値の差の検定）とF検定（分散分析）

男女間で携帯電話の使用時間の差を測る、あるいは、二〇代、三〇代、四〇代といった世代別に貯蓄額を比較する、といったように、何かしらの平均の値について様々に異なったグループ間で比較を行う、これは統計調査の中でよく行われることである。グループ間で平均値を比較する方法、ここではそのいくつかを紹介することにしよう。

まず、異なる二つのグループ間で平均値を比較する方法である。例えば、男女間で日ごろ読んでいる雑誌の冊数に差があるかどうかを比較するような場合がそうだ。

もちろん、この作業の第一段階は、観測されたデータを男女別に集計し、その平均値に差があるかを確認することである。ただし、ここでデータ上、差が確認されたからといって早合点してはいけない。なぜなら、第一章のコラムでも確認したように、私たちが本当に知りたいのは、サンプル（標

本）における差ではなく、この平均値の差が母集団についても見出されるかどうかだからである。従って、第二段階の作業として、サンプルにおける平均値の差が、母集団についても見出されるかどうかを検定しなければならない。この作業が、いわゆる「平均値の差の検定」といわれるものである。

平均値の差の検定も、内容的には第一章のコラムの通り、帰無仮説と対立仮説を立て、確率的に帰無仮説が棄却できるかどうかを検討する。具体的には、観測された平均値の差が見出される確率の分布に従って、その差を出したサンプルがたまたまのものであるか、母集団についても成り立つものであるかを判断する。

平均値の差の検定では、この判断を行うのに、たいていt分布という確率分布を用いる。このt分布は、一般的に確率分布として有名な正規分布に比べ、サンプル数が比較的少なくても検定ができるなど、平均値の差の検定に適した特性を持つ。このt分布を用いて行う平均値の差の検定のことを「t検定」という。

次に、二つ以上の、一般的には三つ以上のグループ間の平均値を比較するやり方を考えよう。例えば、一〇代、二〇代、三〇代…、といった何世代かの間で一日のテレビの視聴時間に差があるかどうかを比較するような場合だ。ここでは、いくつかのグループの平均がすべて等しい（帰無仮説）か、それとも各グループの平均のうちの少なくとも一つは平均が異なっている（対立仮説）か、どうかが検討される。この検討には、「分散分析」という手法が用いられる。分散分析は、次のような考え方に従って行われる。

通常、調査結果において個々の観測値はそれぞれ異なっているが、それはサンプルを構成している個体の一つ一つに好みや個性があるからである。例えば、一日あたりのテレビの視聴時間を調査した結果には、長時間見ている人も、ほとんど見ない人も含まれる。これは、サンプルの中にテレビ好きの人もいれば、テレビ嫌いの人もいるからである。こうした個々のサンプルの差異による観測値の偏り（分散）は、統計的には残差としてとらえられる。つまり、個々の観測値は、平均に残差を加えたものとして構成されていると考えられる。

もし、ここで例えば、テレビの視聴時間に世代による違いが影響していたとするなら、観測値は、平均と残差に加えて世代の効果も加味されて構成されたと考えられる。これは言い換えれば、観測値は、平均とグループ（世代など）の効果と残差から成り立っているということである。このように考えることで、サンプルの分散が、主としてグループの効果によるものなのか、それとも残差によるものなのかを検討することができるようになる。

詳しい計算過程は省略するが、分散分析では、グループの効果による分散の、残差による分散に対する比を求める。この比のことをＦ比という。もし、グループの効果がまったくなければ、Ｆ比は、ほぼ一になると考えられ、逆にＦ比が一より一定程度大きければ、母集団についてもグループの効果によって平均値に差が生じていると推測される。

このＦ比の確率的な分布を表わしたものがＦ分布であり、このＦ分布に従って行われる検定が「Ｆ検定」である。

Ｆ検定では、複数のグループにおいて、そのグループの中の一つ以上は、母集団における平均が他のグループとは異なっているということを提示する。だが、どのグループとどのグループとの間に差があるかまでは示さない。Ｆ検定で帰無仮説が棄却された場合、今度は別の方法で、平均値がどのように異なっているかを示すことが必要となる。

文献

Bohrnstedt, George, W. and Knoke, David, 1988, *Statistics For Social Data Analysis.* (2nd Edition), F. E. Peacock Publisher, Inc.＝一九九〇　海野道郎・中村隆監訳『社会統計学』ハーベスト社

Hoel, Paul, G., 1976 *Elementary Statictics.* (4th Edition), John Wiley & Sons Inc.,＝一九八〇

浅井晃・村上正康訳、『初等統計学』培風館

第五章　若者のアイデンティティはどう変わったか

岩田　考

1　自分らしさを求める社会

1−1　オンリーワンとジコチュウ批判

広告や歌詞などに多用され、新鮮さを失ったように思われる「自分らしさ」という言葉。だが、この言葉は今日でもなお多く人々に訴えかける何かをもっているようだ。

二〇〇三年、ＳＭＡＰの歌う「世界に一つだけの花」が二〇〇万枚を超える大ヒットを記録した。槇原敬之が作詞したこの歌は、すべての人が生まれながらに自分らしさをもっているのだから、その自分らしさを大切にしよう、と囁きかける。№１を目指し争うのはよそう、みんな特別な Only oneなのだから、と。

この曲のヒットの背景には、人気ドラマの主題歌になったことや反戦歌的な意味あいをもったことなど複数の要因が考えられる。しかし、「自分らしさ」をめぐるこの歌詞が、少なからず人々の共感をよんだことも確かであろう。

例えば、小学校五年生のある少女の次のような詩からも、同様なメッセージを読みとることができよう。

詩@不揃いな棒

不揃いな棒が延々と平行に並んでいた
すべての棒の長さ、色、太さは違う。
不思議に思った。
そして棒の長さ、色、太さが同じ棒を探してみた。
でも、同じなんてなかった
もっと根気よく探してみた。
ず————っと探した。
疲れた。それでも探した。

でも全てが同じ、同じ棒は見つからなかった。
すべての、果てしなく続く棒の列の中にも
とうとう一組も見つからなかった。
ずっと歩いて探したしたけれど《原文ママ》、見つからなかった。
すべてが不揃い。
人も黒人もいたら白人も居る。
背が高い人もいたら低い人も居る。
太っている人もいたら痩せている人も居る。

差別はいらない。

すべて不揃いなのは
必然的なことで。
みんな違って、みんな良い。

それが個性なのだから。

しかし他方で、このようなオンリーワンを称揚する風潮に対して、批判もなされるようになってきている。

俺は、ヌルイ奴とズルイ奴が嫌いなの。一番目指さない奴ってムカツクんだよね。自分は自分らしくあればいいなんて、ハナっから言い訳用意してる奴ら、ホント反吐がでるんだよね。…自分らしくあればいいなんてさ、限界まで目指した奴だけが最後に言えることでしょ。

「世界に一つだけの花」と一見対照をなすこの言葉は、二〇〇四年にフジテレビ系で放映されたドラマ『プライド』における主人公「里中ハル」の台詞の一節である。(1) 皮肉にも、この主人公を演じているのは、「世界に一つだけの花」を歌ったSMAPのメンバー木村拓哉なのだ。

「世界に一つだけの花」に共感した人々の梯子をはずすようなこの台詞は、おそらく木村のアドリブではなく、脚本家野島伸司の言葉である。したがって、「世界に一つだけの花」に共感するヌルイ世代に対する年長世代からの苛立ちのあらわれといえよう。当事者ともいえる木村を通じた、「今どきの若者は、…」と語る、よくありがちな「お説教」ともいえる。

「自分らしさ」に対する対照的な態度にもかかわらず、どちらの言葉も若者を「自分らしさ」へと加熱している。「ありのままの自分を大切にして、その自分らしさを花咲かせよう」と語りかける「世界に一つだけの花」。「自分らしさなどというものは、努力してはじめて手にいれることができるものだ」と説教をする年長世代の言葉。少なくとも、どちらも「自分らしさ」と無縁でいることを許さない。現在の日本社会は、「自分らしさ」をめぐる様々な言説が溢れかえり、どのようなスタンスをとるにせよ、「自分らしさ」と無縁のままでいることを許さない社会だ。

しかし、ここで注目したいのは、後者のような批判がドラマのなかだけではなく、現実でも目につくようになってきていることである。

実は先の詩は、二〇〇四年六月に長崎県佐世保市で起こった同級生殺害事件の加害女児が自らのホームページ上に掲載していたとされるものである。[2] 非常に痛ましい事件であり、ご記憶の方も多いだろう。

閣僚も経験したある政治家は、この事件を念頭に置き、教育基本法改正の必要性を主張するため、次のように述べたと報道されている。[3]「教育基本法では個人の尊厳が強調されている。日教組の教育とあいまって、個人の尊厳が行き過ぎて教室破壊が起こり、生徒同士が殺し合いをする荒廃した状況になってきている」、と。

ここで、この発言をとりあげたのは、この政治家の発言が軽率なものである、というような批判をするためではない。そうではなく、第一章でも述べられたように、自己中心性やそれを助長するような風潮に対する批判は、近年の若者バッシングの一つの典型をなしていると考えられるからである。つまり、今日の若者は確かなアイデンティティを持てず、幼稚なエゴがむき出しになり自己中心的になっているという指摘である。

このような自己中心性は、しばしば青少年犯罪の元凶の一つとされる。しかしそれだけにとどまらず、フリーターやニートなど若年層の失業・雇用問題の原因とされることすらある（例えば、波頭 2003）。

1-2　ジコチュウ批判の源泉

このような主張に根拠を与えているのは主に精神科医や心理学者の議論である。青少年が凶悪犯罪を起こす度に、多くの精神科医や心理学者がコメントを述べている。読者のみなさんも、影山任佐、香山リカ、町沢静夫、小田晋、小此木啓吾、和田秀樹など、誰か一人くらいは名前を聞いたことがあるのではないだろうか。[4] 各論者によって、議論の詳細は異なるが、概ね共通する点をまとめると、次のようになる。

①未熟な自己・幼児的万能感

現代の若者は、家庭環境の変化、消費社会化、情報化などによって、幼児期の過大な自己愛を適切に切り下げられず、未熟な自己や幼児的万能感を持つ者が多い。

②他者との不適切な関係

その自己愛を傷つけられまいと、引きこもったり逆に極端な行動で人々の注目を集めようとしたりし、他者との関わりが希薄になるなどうまく関係を構築できない。

③自己中心性と空虚な自己

現実との適切な接触を持てないので、等身大の自分を見いだせず、誇大な自己像に固執し、現実とのギャップに不満や不安をつのらせ、内面に空虚を抱えている。

④無気力や感情の爆発

幼児的な自己愛が温存されてしまうため、不安な現実に接すると、不満や不安は増幅され、無気力になったり、些細なことで爆発してしまったりする。

「自己愛」と「犯罪」というキーワードをタイトルや本文に含む全国紙三紙（朝日新聞・読売新聞・毎日新聞）の記事を、一九八〇年代中頃から検索すると五六件のヒットがみられる[5]。しかし、そのうち一九八〇年代の記事はわずか二件である。十分な分析とはとてもいえないが、一九九〇年代に入って急速にこのような見方が定着していったことがうかがえる。

自己愛という概念自体は[6]、S・フロイトによっても既に用いられており、新しい言葉や概念というわけではない。また、自己愛について独自な議論を展開したH・コフートの『自己の分析』など主な業績も、一九七〇年代に既に発表されている（日本では一九九〇年代にその多くが翻訳された）。一九七九年に書かれアメリカ合衆国でベストセラーとなったC・ラッシュの『ナルシシズムの時代』[7]も、一九八一年には日本で翻訳されている。

現在のような形で「自己愛」と「犯罪」を強力に結びつける見方を一般化した一つの大きな出来

事として、一九九七年に起こった神戸須磨連続児童殺傷事件がある。「透明な存在」という表現で注目を集めた、この事件の犯行声明文をめぐって、例えば次のような識者談話がみられる（分かりやすい記事をとりあげるため、以下に引用する記事は上記の全国紙三紙に限定をしていない）。

小田晋「犯人は、卑劣さを指摘されるのを嫌うナルシスト的な性格の持ち主とみられる。プライドが非常に高く、自分の弱さを社会の責任にして自己を正当化しようとしている。長い文章や比ゆ的な表現から、活字人間で知能は低くないと推測できるが「透明な存在」という表現や支離滅裂な文章からアイデンティティーを喪失していると考えられる。」（共同通信　一九九七年六月六日）

和田秀樹「今回の声明文を読むと、自分の名前を読み間違えたことへの怒りなどを表明しており、自己愛が傷つけられたことによる攻撃性という動機が読み取れる。」（共同通信　一九九七年六月六日）

香山リカ「精神科医の香山リカさんが感じるのは『自己愛の強さ』だ。文面から浮かぶのは、自己愛が強い半面、自信を喪失している人格。その矛盾を埋めるため、『社会への復讐』という表現で、自己を正当化させようとする姿を見る。」（朝日新聞　一九九七年六月七日大阪朝刊）

影山任佐「自分の存在を社会の中で確認できないいらだち。それを『透明な存在であるボク』と表現しているのだろう。不安定な自己を確認するための奇形的犯行」（朝日新聞　一九九七年六月七日大阪朝刊）

この後も、新潟の女性監禁事件、愛知県の主婦刺殺事件、西鉄バスジャック事件など、衝撃的な犯罪が起こるたびに、自己愛が問題とされるようになる。これらの事件の加害者は必ずしも若者ではない。しかし、次の影山の指摘のように、自己愛が若者の問題へと結びつけられていく。

影山任佐「現代の若者の犯罪を見ると、自己の空虚感を埋めるための自己確認型が増えている。浮浪者襲撃やオヤジ狩り、動物虐待。動機もなく、弱者を無差別に襲う衝動的、享楽的犯行が目立つ」（共同通信　一九九八年七月二一日）

さらに、このような影山の指摘を受け、新聞記者は次のように文章を続けている。

「空虚な自己」「心を持たない若者」。共通するのは若者を中心とする現代人の生のありようが時代に呼応しているという認識だ。高度情報化や経済中心の価値観、共同体の崩壊と過度の個人

主義―。（共同通信　一九九八年七月三一日）

このように、自己愛の問題は、犯罪をおこした若者から、若者一般へと拡張されていくことになる。

もちろん、筆者に精神医学的な知識があるわけではないし、特定の事件に関する精神医学的な見解の妥当性を問題にしたいわけでもない。また、特定の事件から教訓を引き出すことも否定しない。ある事件が起きた時、その原因を単に個人の病気としてしまうことは問題を個人化し、社会的な要因を見えにくくてしまうからである。

しかし議論の多くが、衝撃的な事件や自らの臨床例など、それほど多くない事例から引き出されたものであることに注意する必要もある。(6) 若者の問題として、どこまで一般化できるのかについては、慎重であるべきだろう。

ここまで精神医学や心理学に基づく議論を主に取り上げてきた。しかし、社会学の立場からこれらの学問を攻撃しようというわけでもない。社会学においても、同様な議論がみられるからである。

社会学者の土井隆義（2003）は、「少年犯罪の凶悪化」というステロタイプなイメージと統計との乖離を明らかにする一方で、少年犯罪の質的な変化を指摘している。その変化とは、栃木県黒磯市の教師殺害事件のような「いきなり型」の増加である。そして、そのような「いきなり型」犯罪の加害少年たちが、自らを語りうる言葉を持たないということをいくつかの事例から紹介しつつ、自己の同一性を確保できていないのではないか、と推測している。自らの内発的な感覚のみに自己が依拠し、断片化しているというのである。つまり、そのような犯罪の背後に不確かな自己をみている。

さらに、そのような断片化した自己意識をもつ者同士のコミュニケーションは、「たがいの内的な衝動の共有」によって特徴づけられるとしている。そして、多くの若者が、「内発的な感覚を共有するものどうしで閉じられた小宇宙を生き、それ以外の人々の生活世界との接点」を失っているため、「一般的な他者に対してはもちろん、親密な他者との間にも、関係の表層化が進行している」というのだ（土井 2003: 76）。

このような若者コミュニケーションの特質に関する指摘と重なりあうものとして、犯罪に言及するものではないが、近年の若者論で注目されている批評家の東浩紀（2001）の議論がある。東は、いわゆるオタクの消費行動の変化を検討し、「動物化」という議論を展開している。動物化した若者とは、「萌え」という言葉に象徴されるように、他者を必要とせず瞬時に機械的に欲求を満たす若者たちである。また、近年のオタク系のサブカルチャーが人格の解離と親和的であると指摘し、動物化した若者の自己意識が多重人格的なものであることも示唆している。

東は、このような「動物化」した若者のコミュニケーションが、情報交換を中心とした深さを欠いたものであり、さらにそうしたコミュニケーションから「降りる」自由によって特徴づけられるとする。それは、彼／彼女らのコミュニケーションが、親族や地域共同体のような現実的な必然性に支えられておらず、特定の情報への関心のみに支えられていることによる。そして、このような「動物化」した若者のコミュニケーションの特質は、オタクとは異なるストリート系の若者にも共通し、社会学者の宮台真司（1994：259）が指摘するところの「共振的《シンクロナル》コミュニケーション」に近いと指摘している。

「共振的なコミュニケーション」とは、いわば「『ノリを同じくする』者たちのコミュニケーション」のことである。それは、「かつての恋人同士や親友同士にみられるような、親しい者たちだけの間での、情緒的な相互浸透（＝わかりあい）を軸とした『人格的《パーソナル》コミュニケーション』とも、「マクドナルドでの店員と客の関係にみられるような、役割に対する制度的な信頼を軸とする『非人格的《インパーソナル》なコミュニケーション』」とも異なるとされる。

東の議論は若者にアイデンティティの確立を求めるようなものではないが、容易にそのような議論へと接続されていく。例えば、教育社会学者の岩木秀夫（2004）は、いわゆる「ゆとり教育」を批判する文脈において、東の動物化の議論を援用しながら、確かなアイデンティティを築くような教育の必要性を説いている。

1−3　自分らしさをめぐる攻防は何をもたらすのか

「世界に一つだけの花」のような自分らしさや個性への加熱、そして、そうしたものへの若者の共感に、おとろえる気配はみられない。他方で、そのような自分らしさを不確かなものとして、確かなアイデンティティ確立の必要性を主張する大人たちからの圧力も高まっている。

実際に、今の若者にはアイデンティティが欠如しているという大人たちの嘆きは、単なる嘆きにとどまらず、具体的な政策にもその影響を及ぼしはじめている。例えば、近年の教育改革における方針の修正にもそのことが表れている。

いわゆる「ゆとり教育」の推進を掲げた一九九七年の第一六期中央教育審議会の答申では、「教育は、『自分さがしの旅』を扶ける営み」と位置づけられていた。そこには、行き過ぎた平等主義による教育の画一化や過度の知識の詰め込みによって、児童や生徒の自分らしさや個性が失われた、という認識があった。

二〇〇三年の答申でも、教育基本法に盛り込むべき新たな理念として「個人の自己実現と個性・能力、創造性の涵養」があげられている。しかし他方で、行き過ぎた個性の尊重に対する批判的な視点も盛り込まれ、自立心や、公共心、規範を尊重する意識などを育むことが強調されるようになってきている。

このような自分らしさや個性をめぐる攻防は、若者の自己をいかなるものへと導いていくのであろうか。本章では、このような点を、自己意識の一〇年間の変化を分析し、現在の若者の自己意識を明らかにすることによって考えてみたい。そもそも、本当に若者たちは不確かなアイデンティティを持ち、自己中心的なのであろうか。そして、それは規範意識や就労意識の低下をもたらすような問題性をもったものなのだろうか。

無論、我われが行った質問紙調査も万能ではない。社会調査では、大規模なサンプルにおける属性ごとの差異や質問項目の領域間での関係が重視され、一つの領域に関する質問数は限定される。そのため、特定の意識について、詳細な把握を目指し膨大な数の質問を行う心理学的な調査のような形式は困難である。また、実際の行動ではなく、意識を中心に問うことに関して、その曖昧さを指摘する立場もある。DSM-IV（米国精神医学会による精神疾患診断のためのハンドブック）などの自己愛性人格障害の判断基準等を参考に作った質問文でもない。しかし、こうした自己をめぐる意識の検討を抜きにして現代の若者を語ることもまた、劣らず問題であるように思われる。

具体的には、（1）まず、自己意識の一〇年間の変化から、現在の若者のアイデンティティの特質を明らかにする。（2）次に、今日の若者の自己意識のあり方を、特にその多元的なあり方に着目しつつ、その多様性を明らかにする。（3）最後に、自己意識類型と規範意識や友人とのつき合い方などとの関係を分析し、若者のアイデンティティのゆくえをうらなうことにしよう。

2　アイデンティティは衰弱しているのか？

2-1　自己意識の変容

まず、我われの研究会が行った調査から、自己意識の大まかな変化をみてみることにしよう。図表5-1に示したように、一九九二年と二〇〇二年で五つの共通した質問をしている。この五項目

図表 5-1　自己意識の変化

	1992年の肯定率(%)		2002年の肯定率(%)	Somers' d
自分には自分らしさというものがあると思う	**89.3**	↓	**85.9**	−0.115 ＊＊
場面によってでてくる自分というものは違う	75.2		78.4	0.034 n.s.
自分がどんな人間かわからなくなることがある	43.0		45.9	0.039 n.s.
どんな場面でも自分らしさを貫くことが大切	**69.2**	↓	**55.8**	−0.161 ＊＊
今の自分が好きか嫌いか	**66.5**	↑	**70.5**	0.052 ＊

ソマーズの d は、1992 年に 1、2002 年に 2 の値を与え、自己意識の各項目は肯定的回答から順に 4〜1 の値を与え、調査時点を独立変数として算出。

で変化がみられたのは、「自己一貫志向」「自己肯定感」「自分らしさ」の三項目である。「自己の状況性」と「自己喪失感」の二項目では変化がみられなかった。

最も大きな変化をみせたのは、「どんな場面でも自分らしさを貫くことが大切だ」という「自己一貫志向」である。「そう思う」と「まあそう思う」をあわせた肯定率は、一九九二年の六九・二％から五五・八％へと、一〇ポイント以上も低下している。

また、「今の自分が好きかどうか」という「自己肯定感」にも変化がみられた。一九九二年調査では六六・五％だった肯定率は七〇・五％となり、約四ポイントの増加がみられる。

最後に、これもあまり大きな変化ではないが、「自分には自分らしさというものがあると思う」という「自分らしさ」の肯定率も減少している。前回は八九・三％であったが八五・九％となり、約四ポイント減少している。しかも、四段階でみると、積極的肯定「そう思う」の減少が大きい。積極的肯定「そう思う」が四九・二％から三八・三％へと約一一ポイント減少しているのに対し、肯定「まあそう思う」は四〇・一％から四七・六％へと約八ポイント増加している。

　これらの結果をみると、若者のアイデンティティが衰弱してきているという指摘は正しいようにみえる。「自己一貫志向」が低下し、「自分らしさ」があるとする者が減り、他方で「自己肯定感」が高まっている。不確かなアイデンティティによって、「幼稚なエゴ」がむき出しとなり自己中心性が生み出されているという指摘と符合するようにみえる。

　しかしながら、アイデンティティの未確立状態としての自己拡散で指摘されるような「自分がどんな人間かわからなくなることがある」という「自己喪失感」の肯定率が大幅に高まっているわけではない。単に若者のアイデンティティが衰弱しているとするのも不十分なようである。これらの結果はどのように解釈すべきなのだろうか。自己の「不確かさ」という点を、もう少し詳しくみてみることにしよう。

2-2　世代別にみた自己意識

前節でみた自己の「不確かさ」という特質を、他の世代の自己意識と比較することによってみてみることにしよう。ここでは、モバイル・コミュニケーション研究会が二〇〇一年に実施した調査の結果[8]を用いる。

　この調査では、我われの調査と同じような自己に関するいくつかの質問をしている。図表5-2に示したように、「私には自分らしさがある」の肯定率はどの世代でも八割を超え非常に高くなっ

図表 5-2　世代別にみた自己意識

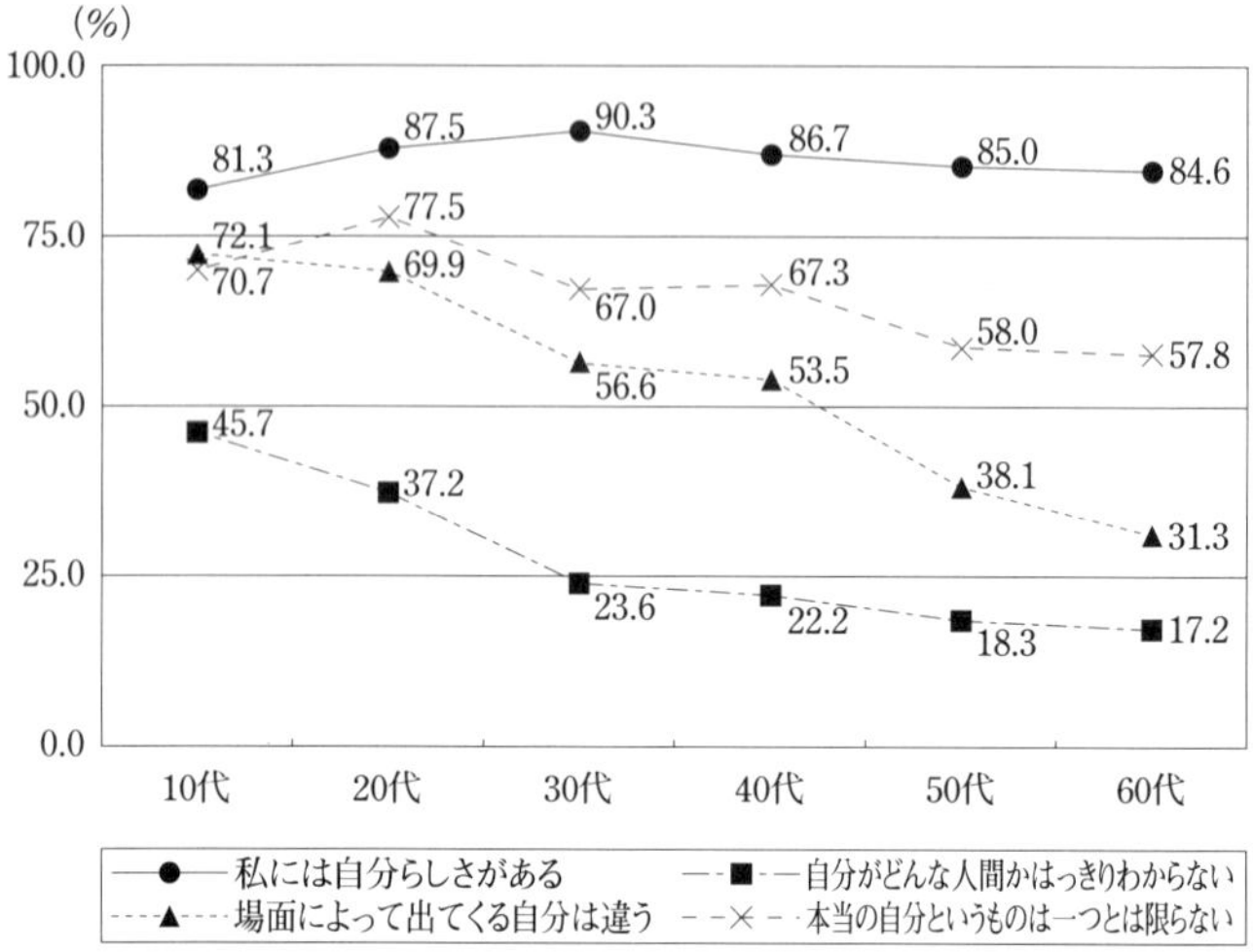

（注）モバイル・コミュニケーション研究会 2002 より。調査については註⑧を参照。

ている。また、「自分がどんな人間かはっきりわからない」は一〇代で肯定率が高く、年齢が上がるにつれ肯定率は低下する。ただし、一〇代でも肯定率は五割を切っている。それに対し、「場面によって出てくる自分は違う」や「本当の自分というものは一つとは限らない」は、一〇代と二〇代の差が小さく、他の世代とくらべて肯定率が約七割とかなり高くなっている。

　この結果をみても、若者の自己意識の特質は、確かにその「不確かさ」という点にある。しかし、その「不確かさ」は、アイデンティティの未確立という点だけでなく、自己の可変性や多元性の高さにあるといえそうである。

図表 5-3　自己意識の因子分析（回転後の因子パターン）

	因子		
	1	2	3
意識して自分を使い分けている	**0.675**	−0.047	−0.052
自分の中には、うわべだけの演技をしているような部分がある	**0.599**	0.130	−0.078
場面によってでてくる自分というものは違う	**0.419**	0.127	0.083
自分がどんな人間かわからなくなることがある	0.018	**0.634**	0.066
他人からみると、私は好みや考え方にまとまりがない人間のようだ	0.018	**0.484**	0.004
どこかに今の自分とは違う本当の自分がある	0.184	**0.385**	0.175
仲のよい友だちでも私のことをわかっていない	0.160	**0.329**	−0.107
どんな場面でも自分らしさを貫くことが大切	−0.213	0.155	**0.419**
自分には自分らしさというものがあると思う	0.097	−0.369	**0.378**
なりたい自分になるために努力することが大切	0.187	−0.013	**0.338**

（注）因子抽出法：最尤法。回転法：Kaiser の正規化を伴うプロマックス法（6 回の反復で回転が収束）。数値は、因子負荷量。各項目には、「そう思う」から「そう思わない」の順に 4〜1 の値を与えている。

2-3　自己の拡散と自己の多元化

それでは、いわゆる自己拡散と自己の多元性とは、どのような関係にあるのだろうか。二〇〇二年調査では、図表5-3に示したような自己に関わる一〇の質問をしている。これらを用いて、因子分析（↓コラム）を行った。因子分析とは、質問項目（変数）の相互関係を分析することによって、質問項目間の潜在的な関係を明らかにし、背後にある成分（因子）を取り出す手法である。

その結果、三つの因子をとりだすことができた。第一因子は、所属する質問項目から〈自己複数性因子〉と名付けることができる。また、第二因子と第三因子は、それぞれ〈自己拡散因子〉と〈自己一貫志向因子〉と呼ぶことができる。〈自己拡散因子〉とは別に、自己の多元性と関連した〈自己複数性因子〉がみられる。すなわちこの結果は、自己の〈同一性—拡散〉軸とは別に、自己の多元性に関わる軸が存在していることを示唆している。

実は、この自己拡散と自己の多元性とが同一視できないという点は、既に他の調査においても示されている。筆者は、高校生や大学生を対象とした調査において、上記の分析と同様に自己拡散と自己の多元性とが異なる軸としてとりだされることを明らかにしている(岩田 1999, 2000, 2001)。また、複数化した自己をいずれも本当の自分とする場合に比べ、その中に偽りの自分をみいだしている場合のほうが、自己拡散で指摘されるような孤独感や虚無感を感じる割合が高くなっていた。

同様に、浅野(2001)は、本研究会が二〇〇〇年に大学生を対象として実施した予備調査から、自己の多元化が「素顔の複数化」と「仮面の複数化」という二つの方向性をもっていることを指摘している。「素顔の複数化」とは「(場面に応じた複数の顔)の背後にある自己そのものの複数化」であり、「仮面の複数化」は「偽の自分(仮面)を本当の自分(素顔)から切り離した上で前者を複数化する」(浅野 2001:62–63)ものである。そして、同じ自己の多元化でも、「仮面の複数化」に比べ「素顔の複数化」は、心理的な不安定さなどとの関連が弱いことも明らかにしている。

これらの先行研究は、自己拡散と自己の多元性とが同一視できないこと、さらに多元的な自己が多様なものであることを示唆している。つまり、複数化した自己をいずれも本当の自分とするか、あるいはその中に偽りの自分をみいだすかによって、つまり〈仮面性〉の有無によって、多元的な自己意識が異なる様相を示すということである。(9)

図表 5-4　多元性による自己意識の類型化

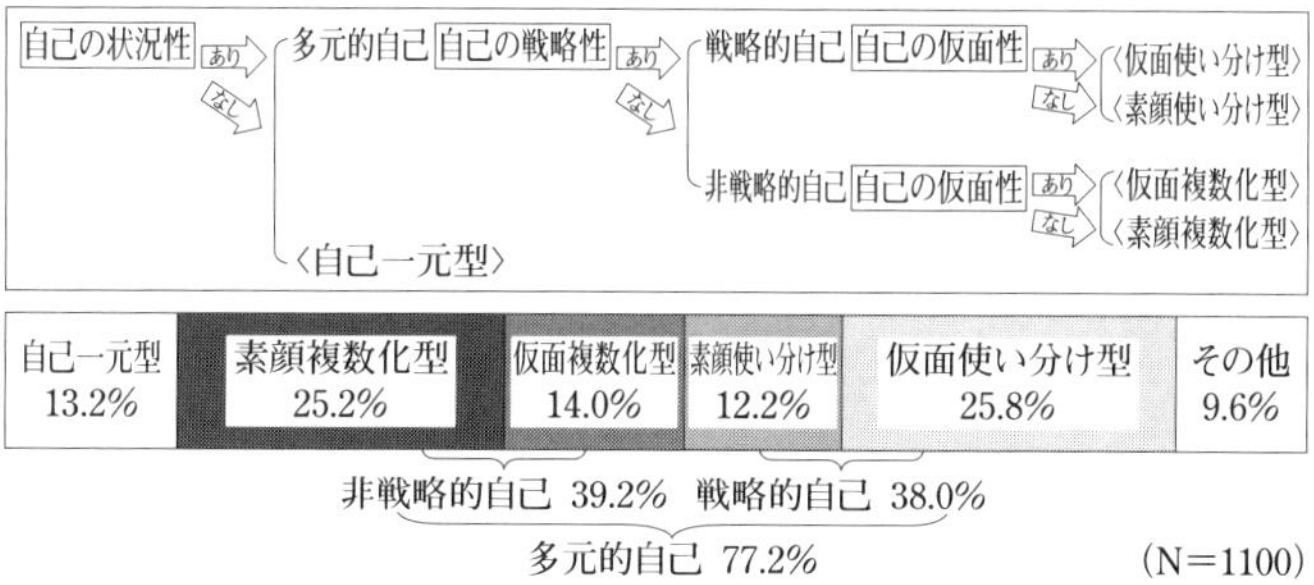

3　多元性による自己意識類型

3-1　多元性による自己意識の類型化

これまでの分析結果をみると、確かに自己の不確かさは増しているようである。しかし、その不確かさは、必ずしもアイデンティティの拡散と同一視できないことが示唆された。自己の多元性という点への注目が必要なようである。そこで本節では、自己の多元性に着目した自己意識の類型化を行うことにしよう。

類型化の手順は、かなり素朴なものである。図表5-4のように、自己の〈状況性〉〈戦略性〉〈仮面性〉という三段階で自己意識の分類を行う。

まず、自己の多元性を現象面からたずねていると想定できる「場面によってでてくる自分というものは違う」という〈状況性〉によって、「多元的自己」と【自己一元型】を区別する。

次に、その多元性が意識的な使い分けによるものであるかどうかという観点、すなわちその〈戦略性〉によって、「戦略的自己」と「非戦略的自己」に区分する。具体的には、「意識して自分を使い分けている」という質問を用いる。

最後に、多元化した自己の〈仮面性〉という観点によって、「戦略的自己」と「非戦略的自己」をそれぞれ二つに区分する。「自分の中には、うわべだけの演技をしているような部分がある」という質問に対して、肯定的に答えている場合には、「本当の自分」を前提として、仮面のような偽の自分をみいだしているとみなすことができる。それに対し、否定的回答をしている場合には、場面ごとに違った自分がでてきても、そのどれも「本当の自分」「素顔の自分」とみなすような意識ととらえられる。つまり、戦略的自己を【仮面使い分け型】と【素顔使い分け型】に、非戦略的自己を【仮面複数化型】と【素顔複数化型】に区分する。

このような分類を行った結果、多元的自己の四類型の合計は七七・二％で、全体の約四分の三であった。戦略的自己は三八・〇％、非戦略的自己は三九・二％と、両者とも約四割である。【仮面使い分け型】が最も多く、【素顔使い分け型】が最も少なくなっている。

3-2　自己意識類型の特徴

これらの自己意識類型は、どのような特徴を持っているであろうか。上記の分類に使用しなかった項目との関連をみてみよう（図表5-5）。

図表 5–5　自己意識類型の特徴

			自己意識類型						
				多元的自己					
			自己一元型	非戦略的自己		戦略的自己		合計	χ^2検定
				素顔複数化型	仮面複数化型	素顔使い分け型	仮面使い分け型		
〈自己拡散〉	自分がどんな人間かわからなくなることがある	〈肯定〉	20.3	37.9	59.1	43.3	**62.3**	46.4	＊＊
	他人からみると、私は好みや考え方にまとまりがない人間のようだ	〈肯定〉	16.6	27.8	49.0	30.1	**51.2**	36.4	＊＊
	どこかに今の自分とは違う本当の自分がある	〈肯定〉	13.2	20.6	42.9	35.8	**52.1**	34.0	＊＊
	仲のよい友だちでも私のことをわかっていない	〈肯定〉	12.4	18.8	37.0	26.3	**46.8**	29.7	＊＊
〈自己一貫志向〉	どんな場面でも自分らしさを貫くことが大切	〈肯定〉	**70.1**	54.7	53.6	61.2	48.1	55.8	＊＊
	自分には自分らしさというものがあると思う	〈肯定〉	**92.4**	90.6	79.9	89.6	79.6	85.9	＊＊
	なりたい自分になるために努力することが大切	〈肯定〉	71.0	80.1	85.7	86.5	**88.7**	83.0	＊＊
	今の自分が好きか嫌いか	〈好き〉	**83.3**	80.8	59.7	78.9	57.1	70.9	＊＊
	今の生活がむなしく感じられる	〈ある〉	26.8	34.3	55.6	39.8	**58.0**	44.0	＊＊
	ひとりでいると孤独を感じる	〈ある〉	21.3	37.3	**55.9**	39.5	**55.9**	43.5	＊＊

(注) 数値は、〈肯定〉は「そう思う」と「まあそう思う」の、〈好き〉は「大好き」と「おおむね好き」の、〈ある〉は「よくある」と「ときどきある」の合計の割合（%)。統計的有意差のある項目の太字は最も割合が高いこと、二重下線は最も低いことを示す。検定は4段階のまま行っている。

〈自己拡散因子〉と関わるような意識に関しては、肯定率は四項目とも、【自己一元型】で最も低く、【仮面使い分け型】で最も高くなっている。また、自己拡散によってもたらされるとされるネガティヴな意識、虚無感や孤独感も同じような傾向を示している。

自己の拡散と自己の多元化は完全に同一次元ではないものの、自己の不確かな側面であり、両者には関連がみられるようである。しかしながら、先行研究と同様に、多元的自己でも〈仮面性〉の有無によって、自己拡散と関わる項目の肯定率にはかなり違いがみられる。〈仮面性〉を認めるタイプで肯定率が高くなっている。

また、〈自己一貫志向因子〉に関わるような意識では、「自己一貫志向」と「自分らしさ」において、【自己一元型】の肯定率が最も高く、【仮面使い分け型】で最も低くなっている。「自己肯定感」も同じような傾向を示している。

しかしながら、「なりたい自分になるために努力することが大切」は異なる傾向を示している。【自己一元型】の肯定率が最も低く、【仮面使い分け型】が最も高くなっている。【仮面使い分け型】は、自己の不確かさゆえに、今の自分とは違う自分になりたいという意識が強いのであろうか。他の項目との関係では、ネガティヴに評価されそうなタイプであるが、ポジティヴともいえる面も持っているようである。

多元的自己のタイプ間での違いに着目すると、「自分らしさ」と「自己肯定感」は、自己拡散に関わる意識と同様、〈仮面性〉を認めるタイプで肯定率が低くなっている。それに対し、「なりたい自分になるために努力することが大切」は、〈仮面性〉との関係は明確ではなく、どちらかといえば〈戦略性〉と関係している。

これらの結果からすると、多元的な自己は、自己拡散的な意識が強く、自己一貫性志向が弱い。確かに、一元的な自己に比べると、不確かで空虚な自己のようにみえる。しかしながら、多元的自己の各タイプ間でも差は大きく、【素顔複数化型】は一元的な自己にかなり近い傾向を示している。

3-3　属性別にみた自己意識類型

図表5-6は、自己意識類型を基本属性別にみたものである。性別、職業別では統計的に有意な差はみられない。

年齢は、カテゴリー別では差がみられないものの、平均値と中央値では若干の差異がみられた。【素顔複数化型】で高く、【仮面使い分け型】で低くなっている。ただし、予想以上に年齢的な偏りは小さい。若者の自己意識を語る上で最もポピュラーな〈同一性―拡散〉という軸からすると、若年層で不安定な自己意識をもつ者が多いことが予想される。

確かに今回の調査でも、「自分がわからなくなることがある」という「自己喪失感」を感じる割合は若年層で高くなっている。しかし、安定した自己と思われる【自己一元型】が高い年齢層で多いという傾向はみられない。あえて差をみいだすとすれば、若年層では【仮面使い分け型】の割合が高く、高い年齢層では【素顔複数化型】や【素顔使い分け型】の割合が高くなっていることであ

図表 5-6　属性別にみた自己意識類型

		自己意識類型							
			多元的自己						
		自己一元型	非戦略的自己		戦略的自己		合計		検定
			素顔複数化型	仮面複数化型	素顔使い分け型	仮面使い分け型			
全体		14.6 (145)	27.9 (277)	15.5 (154)	13.5 (134)	28.6 (284)	100.0	(1100)	
性別	男性	16.8	28.9	13.4	12.5	28.4	100.0	(440)	n. s.
	女性	12.8	27.1	17.1	14.3	28.7	100.0	(554)	
年齢	平均値	22.6	**23.1**	22.5	22.9	22.0	22.6		＊
	中央値	23.0	**24.0**	23.0	23.0	22.0	23.0		＊
	16〜20 歳	15.3	25.3	15.9	12.0	31.5	100.0	(359)	
	21〜25 歳	13.2	27.2	16.8	13.8	29.0	100.0	(334)	n. s.
	26〜31 歳	15.3	31.6	13.6	15.0	24.6	100.0	(301)	
職業	学生	15.0	23.0	16.6	12.1	33.3	100.0	(421)	
	パート・アルバイト	16.7	28.8	17.4	11.4	25.8	100.0	(132)	
	給与所得者	13.3	34.6	13.9	15.9	22.3	100.0	(309)	n. s.
	自営業者	18.5	29.6	3.7	18.5	29.6	100.0	(27)	
	その他	11.3	24.7	17.5	14.4	32.0	100.0	(97)	

(注) 年齢の平均値と中央値以外は割合（%）。（　）内は実数。職業の分類の詳細については第1章を参照。統計的有意差のある項目の太字は最も値が高いこと、二重下線は最も低いことを示す。年齢の平均値と中央値欄以外は χ^2 検定の結果。年齢は上段が分散分析によるF検定、下段はKruskal Wallis 検定。

る。若年層では自分の中に〈仮面性〉をみいだし、高い年齢層では〈仮面性〉を否定する傾向がみられる。

　このような差異が、加齢によるものなのか、それとも世代によるものなのかはわからないが、加齢に伴い【仮面使い分け型】から【素顔複数化型】へという移行がみられるのかもしれない。

4　多元的自己は問題か

4-1　多元的自己と自己中心性

それでは、このような多元的な自己意識を持つ若者は、どのような若者なのであろうか。不確かなアイデンティティのために、「幼稚なエゴ」がむき出しとなった自己中心性をもっているのであろうか。

図表5-7のように、道徳・規範意識との関連をみると、多元的な自己意識を持つ若者が必ずしも規範意識が低いわけではないことがわかる。八つの項目のうち差がみられるのは、二項目だけである。

「目上の人と話をする時は敬語を使うべきである」では、【素顔使い分け型】が最も賛成率が低いものの、最も高いのは【仮面複数化型】となっている。また、「たとえ孤立しても自分の主張は通すべきである」では、【自己一元型】の賛成率が最も高くなっている。質問設定の意図としては、賛成するほうが道徳・規範意識が高いということを意味する。しかし、見方によっては、【自己一元型】が最も自己中心的であるともいえよう。

自己中心性に関わるような他の項目として、「社会や他人のことより、まず自分の生活を大切にしたい」がある。この項目も統計的な有意差がみられ、【仮面使い分け型】が肯定率が最も高くな

図表 5-7　自己意識類型別にみた道徳・規範、社会、生活意識

			自己意識類型						
				多元的自己					
			自己一元型	非戦略的自己		戦略的自己		合計	χ^2検定
				素顔複数化型	仮面複数化型	素顔使い分け型	仮面使い分け型		
道徳・規範意識	「選挙には行くべきである」	〈賛成〉	82.8	84.4	81.7	82.1	83.0	83.0	n.s.
	「目上の人と話をする時は敬語を使うべきである」	〈賛成〉	92.4	93.5	**99.3**	91.0	95.4	94.4	*
	「ボランティア活動には参加すべきである」	〈賛成〉	77.2	76.1	75.2	73.5	70.6	74.2	n.s.
	「たとえ孤立しても自分の主張は通すべきである」	〈賛成〉	**59.9**	53.5	49.7	59.1	52.8	54.4	**
	「約束の時間は守るべきである」	〈賛成〉	97.2	98.2	96.7	96.3	98.9	97.8	(n.s.)
	「ごみのポイ捨てはすべきではない」	〈賛成〉	95.2	95.7	98.7	96.3	97.5	96.7	(n.s.)
	「電車やバスの中で化粧をすべきではない」	〈賛成〉	84.1	82.2	77.1	77.4	78.7	80.1	n.s.
	「みんなが並んでいる列への割り込みをすべきではない」	〈賛成〉	97.2	96.4	98.7	94.8	96.5	96.7	n.s.
社会意識	「日本は平等な社会である」	〈賛成〉	36.8	30.2	34.6	26.5	23.2	29.4	n.s.
	「日本の将来は明るい」	〈賛成〉	**20.8**	15.9	17.6	15.2	8.8	14.8	**
	「個人の力だけで社会を変えることはできない」	〈賛成〉	69.4	70.3	74.5	72.0	73.9	72.1	n.s.
	「みんなで力を合わせても社会を変えることはできない」	〈賛成〉	29.9	23.2	26.1	31.8	29.2	27.5	n.s.
生活意識	現在の生活に満足している	〈肯定〉	**66.2**	65.2	56.9	55.2	47.5	57.7	**
	日本の将来に強い関心がある	〈肯定〉	46.9	51.6	46.4	50.0	52.5	50.2	n.s.
	社会や他人のことより、まず自分の生活を大事にしたい	〈肯定〉	78.6	75.4	82.4	81.3	**84.8**	80.4	**
	仕事よりも趣味や家庭を大事にしたい	〈肯定〉	76.2	74.1	78.1	68.7	76.4	74.9	n.s.
	仕事を選ぶときに、夢の実現よりも生活の安定を優先する	〈肯定〉	48.3	51.8	58.2	47.8	57.2	53.3	n.s.
	生活ができるのならば定職に就く必要はない	〈肯定〉	35.4	29.7	34.6	35.1	39.8	34.9	n.s.
	現在住んでいる地域に今後も住み続けたい	〈肯定〉	65.5	65.6	62.1	66.4	65.5	65.1	n.s.
	将来に備えて耐えるより、今という時間を大切にしたい	〈肯定〉	69.4	62.3	61.4	56.7	56.3	60.7	n.s.

(注)　数値は、〈賛成〉は「賛成する」と「まあ賛成する」の、〈肯定〉は「そう思う」と「まあそう思う」の合計の割合（%）。統計的有意差のある項目の太字は最も割合が高いこと、二重下線は最も低いことを示す。検定は4段階のまま行っている。検定の（　）は、期待度数の低いセルがあるため参考。

っている。しかし、肯定率が最も低いのは、【自己一元型】ではなく、【素顔複数化型】である。これらのことから、多元的な自己意識をもつ若者が、自分のことしか考えないような自己中心性を特に強く持っているわけではないといえよう。

次に、現在、激しいバッシングが行われているフリーターやニートに関わるような就業意識をみてみよう。「仕事を選ぶときに、夢の実現よりも生活の安定を優先する」や「生活ができるならば定職に就く必要はない」では、ともに統計的に有意な差はみられない。

これらの結果からは、自己の多元性が必ずしも自己中心性と関連したり、規範意識や就労意識の低下と結びついたりするわけではないということがわかる。

4-2　多元化する自己のコミュニケーション

次に、多元的な自己意識を持つ若者の他者との関係性についてみてみることにしよう。本当に、多元化した自己意識をもつ者のコミュニケーションは、感覚の共有に基づくことによって表層的なものになっているのだろうか。

図表5-8をみると、確かに多元的な自己意識をもつ若者には、友人と親しくなっていく際に「その場その場でノリがよいこと」を重視する傾向がみられるなど、先にみた土井らの指摘と符合する部分も見られる。

しかしながら、友だちとのつき合い方をみると、必ずしも表層的な関係というわけではない。確

図表 5-8　自己意識類型別にみた友だちとの関係

			自己意識類型						
			非戦略的自己			戦略的自己			
			自己一元型	多元的自己				合計	χ^2検定
				素顔複数化型	仮面複数化型	素顔使い分け型	仮面使い分け型		
友だちと親しくなるとき重要なこと	相手と趣味や関心が近いこと	〈重要〉	82.1	82.8	82.4	82.0	79.9	81.7	n. s.
	相手の考え方に共感できること	〈重要〉	82.6	86.5	92.8	85.1	86.6	86.7	n. s.
	相手の容姿や顔立ちが自分の好みであること	〈重要〉	11.8	20.2	**25.5**	21.6	22.5	20.7	*
	相手のファッション（服装や髪型など）が自分の好みであること	〈重要〉	21.5	21.3	**31.4**	26.3	25.4	24.8	*
	相手の年齢が自分と近いこと	〈重要〉	40.3	37.7	35.3	38.8	48.1	40.8	n. s.
	相手が同性であること	〈重要〉	21.3	23.2	22.4	24.6	29.7	24.8	n. s.
	相手の本名（フルネーム）を知っていること	〈重要〉	44.1	47.6	51.3	48.5	50.9	48.7	n. s.
	相手の社会的な立場や地位が高いこと	〈重要〉	2.8	3.7	7.2	8.2	6.0	5.4	n. s.
	つきあいが長く続きそうだと思うこと	〈重要〉	51.7	58.1	**64.1**	61.9	63.4	60.2	*
	その場その場でノリがよいこと	〈重要〉	43.4	38.4	52.3	48.5	**57.2**	48.1	**
友だちとのつきあい方	友だちをたくさん作るように心がけている	〈肯定〉	57.2	53.1	50.0	57.5	46.5	51.9	n. s.
	友だちといるより、ひとりでいるほうが気持ちが落ち着く	〈肯定〉	34.0	40.0	47.7	43.6	**56.7**	45.6	**
	友だちとの関係はあっさりしていて、お互いに深入りしない	〈肯定〉	45.8	42.3	43.4	45.1	52.1	46.2	n. s.
	友だちと意見が合わなかったときには、納得がいくまで話し合いをする	〈肯定〉	54.2	51.8	50.3	58.2	44.0	50.6	n. s.
	お互いに顔見知りでない友だち同士をよく引き合わせる	〈肯定〉	21.7	24.1	22.4	26.9	20.8	22.9	n. s.
	初対面の人とでもすぐに友だちになる	〈肯定〉	52.1	49.8	42.8	56.0	48.2	49.4	n. s.
	遊ぶ内容によって一緒に遊ぶ友だちを使い分けている	〈肯定〉	47.9	61.9	65.6	**78.4**	74.9	66.4	**
	いつも友だちと連絡をとっていないと不安になる	〈肯定〉	14.0	14.6	**26.0**	17.9	22.2	18.9	*

（注）数値は、〈肯定〉は「そうだ」と「どちらかといえばそうだ」の合計の割合%、〈重要〉は「重要だ」と「どちらかといえば重要だ」の合計の割合（%）。統計的有意差のある項目の太字は最も割合が高いこと、二重下線は最も低いことを示す。検定は4段階のまま行っている。

かに、「友だちといるより、ひとりでいるほうが気持ちが落ち着く」では【自己一元型】で肯定率が低くなっている。しかし、「友だちとの関係はあっさりしていて、お互いに深入りしない」や「友だちと意見があわないときには、納得がいくまで話し合いをする」では有意差がみられない。

また、友人とのつき合い方で注目されるのは、全体の肯定率が六六・四％と最も高い「遊ぶ内容によって一緒に遊ぶ友だちを使い分けている」という項目である。【自己一元型】と多元的自己の各類型との肯定率の差が最も大きくなっている。【自己一元型】と【素顔使い分け型】では三〇ポイント以上にもなっている。これをみると、多元的自己を最も特徴づけるのは選択的な関係の志向といえそうである。

これらの結果からすると、若者の他者との関係の特質は、単に表層的というよりも、様々な他者に対するコミュニケーションの高度な使い分けにあるといえるかもしれない。もちろん、すべての若者がそのような使い分けをするスキルを十分に持っているわけではない。しかし、コミュニケーションに問題を抱える若者が増えているとしても、それは若者のコミュニケーション能力が低くなったというよりもむしろ、関係の多様化・流動化に伴い、求められるコミュニケーション・スキルのレベルが上昇していると考えることもできる。インターネットに象徴されるような情報化などによって人間関係や友人関係形成のチャンネルの多様化が進展してきている。そのような多様な関係の中では、相手との関係を維持するために、様々なコミュニケーションを行う繊細さが要求されると考えられるからである。

今回の調査から、求められるコミュニケーション・スキルのレベルが上昇しているということを実証的に示すことはできない。しかし、社会学者の加藤篤志（2002）も指摘するように、書店で大量に販売されている「人間関係に関するマニュアル本」の存在は、このことを示唆しているといえるかもしれない。

また、土井が仲間以外の人には無関心であるという議論の拠り所の一つとしてあげている東京都青少年基本調査においてさえ、傍証となるような結果がみられる（東京都生活文化局 1998）。同調査には、「誰かと話をしていて、あるいは誰かが話しているのを聞いて、この人とはわかりあえそうもないと感じることがありますか。」という質問がある。肯定する者は八〇・六％、否定する者は一五・〇％、「もともとわかろうという気がない」は四・二％となっている。限定された状況ではあるが、他者に対して無関心というよりも、他者とわかりあうことが難しいと感じている若者の姿を垣間見ることができる。

さらに、宮台（1998）が指摘するような「友だち以外はみな風景」という言葉とは逆に、モバイル・コミュニケーション研究会が行った調査では、若い年代のほうが他者の視線を非常に気にしているという結果がでている（モバイル・コミュニケーション研究会 2002）。その際の他者には、仲間だけでなく、仲間以外の一般的な他者も含まれている。

このようにみると、多元化した自己に映し出されるのは、他者なしに充足する〈動物化〉した若者というよりも、状況ごとに関係を柔軟に使い分けながらサバイバルせざるを得ない若者の姿のよ

うに思われる。(10)

5　アイデンティティというリスク

今回の調査からは、若者の自己の不確かさは増しているということが示された。しかし、その不確かさは、いわゆるアイデンティティの未確立としての自己拡散だけでなく、自己の多元性によってても、もたらされていた。

そして、多元的な自己意識を持つ若者が、特に問題を抱えた若者とはいえないことも明らかとなった。とりわけ「幼稚なエゴ」をむき出しにした自己中心性をもっているわけでもないし、問題とされるような規範意識や就労意識をもっているわけでもない。

むしろ、友人関係に関する分析からは、多元的な自己を持ち、多元的な関係を使い分けることが現代を生きるためのサバイバルの手段であることが示唆されていた。

大人たちが若者に確かなアイデンティティの確立を強力に求めるのは、自己の不確かさが問題を持つという想定があるからであろう。しかし、その不確かさが必ずしも問題とされるような意識に結びつかないとすれば、そのような主張の根拠は失われたことになる。

もしそうであるとすれば、関係の多元化・流動化が進み自己の多元性のますますの進展が予想される状況の中で、それに逆らい果敢に行われようとしているこのプロジェクトは滑稽でさえある。

いや、滑稽と笑っている場合ではないかもしれない。関係の多元化・流動化が進み、確かな自己を確立することが困難な状況の中にあるとすれば、そのようなプロジェクトが弊害をもたらす可能性すらあるからである。芳賀学（1999）が「自分らしさのパラドクス」として指摘した、「自分らしさを追求すること自体が、逆に、自分らしさを確定することを妨げる」というような事態を促進する可能性もある。

現実的に考えても、問題に結びつきにくいような不確かな自己へと導くようなプロジェクトのほうが成功の見込みも高いかもしれない。本章の分析では、不確かな自己といっても様々なタイプがみられたが、例えば【素顔複数化型】は問題とされるような意識に結びつきにくいような多元的な自己であった。

今日の社会のありようが多元的な自己を要請するとすれば、それがたとえ不確かなものであっても、問題につながらない限り、そのような自己を抱えて生きることも認められてもよいのではないだろうか。今回の調査結果は、我われ大人にそう語りかけているように思われる。

註

（1）二〇〇四年一月一二日（月）からフジテレビ系で月曜夜九時に放映されたドラマ。これは、二〇〇四年一月二六日に放映された第三話「美しきリーダーの形」における、村瀬亜樹（竹内結子）との会話における里中ハル（木村拓哉）の言葉。

（2）この詩は、二〇〇四年六月一日に長崎県佐世保市でおこった同級生殺害事件の加害女児が自らのホームページ上に掲載していたとされるものである。少女がまだ五年生であった二〇〇四年二月五日の日記から（朝日新聞西部本社編 2005: 221-2）。

（3）平沼赳夫前経産相が二〇〇四年六月一四日に大阪市内で開かれた亀井派所属国会議員のパーティーで講演した際の発言。

（4）紙幅の関係上、すべてをあげることはできないが、影山（1999）、香山（1999）、町沢（2003）、小田（2001）、小此木（2000）、和田（1999）などを参照した。

（5）記事の検索には、@nifty データベースサービスの新聞・雑誌記事横断検索を用いた。検索の対象とした期間は、朝日新聞が一九八四年八月九日から、読売新聞が一九八六年九月一日から、毎日新聞が一九八七年一月一日からである。

（6）自己愛（narcissism）という言葉は、イギリスの心理学者H・エリスが、「自分で自分を愛する男性」の心理を説明するために、水面に映る自身の姿に恋をしたナルキッソスについてのギリシャ神話を引用したことが発端となり、精神科医P・ネッケが造語したものである。

（7）C・ラッシュ自身の専攻は歴史学であり、「ナルシシズム」という概念を中心として、精神分析のアプローチを援用してアメリカ社会を分析したものである。

（8）モバイル・コミュニケーション研究会（代表 東京経済大学教授 吉井博明）が、東京大学社会情報研究所橋元研究室および東洋大学三上研究室と共同で、日本全国の一二歳～六九歳までを対象に実施した調査。詳細については、モバイル・コミュニケーション・研究会（2002）を参照のこと。なお、この調査の自己意識に関する質問項目は、筆者が作成した。

（9）辻大介（2004）が首都圏三〇㎞内在住の一六歳から一七歳を対象とした調査でも同じような結果がでている。

（10）今回の調査からみた、多元的な自己意識と他者との関係性、特に「コミュニケーション・サバイバル」という点については、岩田（2006）も参照のこと。

文献

朝日新聞西部本社編著　二〇〇五　『11歳の衝動——佐世保同級生殺害事件』雲母書房
浅野智彦　一九九五　「友人関係における男性と女性」高橋勇悦監修『都市青年の意識と行動——若者たちの東京・神戸90's分析編』恒星社厚生閣
——　一九九九　「親密性の新しい形へ」富田英典・藤村正之編『みんなぼっちの世界——若者たちの東京・神戸90's・展開編』恒星社厚生閣
——　二〇〇一　「多元化する自己の二つのベクトル」青少年研究会『今日の大学生のコミュニケーションと意識』
東浩紀　二〇〇一　『動物化するポストモダン——オタクから見た日本社会』講談社
土井隆義　二〇〇三　『〈非行少年〉の消滅——個性神話と少年犯罪』信山社
芳賀　学　一九九九　「自分らしさのパラドクス」富田英典・藤村正之編『みんなぼっちの世界——若者たちの東京・神戸90's・展開編』恒星社厚生閣
Giddens, Anthony, 1991, *Modernity and Self-Identity: Self and Society in Late Modern Age*, Stanford University Press.
波頭　亮　二〇〇三　『若者のリアル』日本実業出版社
岩木秀夫　二〇〇四　『ゆとり教育から個性浪費社会へ』ちくま新書
岩田　考　一九九九　「友人関係の現在——友人関係・自己意識・不安」深谷昌志監修『モノグラフ・高校生 高校生の他者感覚——ゆるやかな人間関係の持ち方』ベネッセ教育研究所
——　二〇〇〇　「高校生の自分探し——自分探しという神話」深谷昌志監修『モノグラフ・高校生 高校生の自我像——自分探しをする高校生』ベネッセ教育研究所
——　二〇〇一　「大学生における自己意識の現在——自己の複数性と選択的関係性」青少年研究会

『今日の大学生のコミュニケーションと意識』
――　二〇〇四「都市青年にみる自己意識の変容――自分らしさ信仰の揺らぎと自己の多元化の進展」青少年研究会『都市的ライフスタイルの浸透と青年文化の変容に関する社会学的分析』
――　二〇〇四「現代都市青年の自己意識類型――戦略性と仮面性からみた多元化する自己の諸相」青少年研究会『都市的ライフスタイルの浸透と青年文化の変容に関する社会学的分析』
――　二〇〇六「多元化する自己のコミュニケーション――動物化とコミュニケーション・サバイバル」岩田考ほか編『若者たちのコミュニケーション・サバイバル――親密さのゆくえ』恒星社厚生閣
影山任佐　一九九九『空虚な自己の時代』日本放送出版協会
加藤篤志　二〇〇二「社会学でわかる対人関係」浅野智彦編『図解社会学のことが面白いほどわかる本』中経出版
香山リカ　一九九九『〈じぶん〉を愛するということ――私探しと自己愛』講談社現代新書
Lifton, Robert Jay, 1967, *Boundaries: Psychological Man in Revolution*, Vintage books.＝一九七一外林大作訳『誰が生き残るか――プロテウス的人間』誠信書房
町沢静夫　二〇〇三『ボーダーライン――自己を見失う日本の青年たち』丸善
宮台真司　一九九四『制服少女たちの選択』講談社
――　一九九八「意味なき世界をどう生きるか？」藤原和博・宮台真司『人生の教科書［よのなか］』筑摩書房
モバイル・コミュニケーション研究会　二〇〇二『携帯電話の利用とその影響――科研費：携帯電話利用の深化とその社会的影響に関する国際比較研究 初年度報告書（日本における携帯電話利用に関する全国調査結果）』二〇〇一年度科学研究費補助金研究成果報告書
小田　晋　二〇〇一『壊れる心　壊れない心』朝日ソノラマ

小此木啓吾　二〇〇〇『「ケータイ・ネット人間」の精神分析――少年も大人も引きこもりの時代』飛鳥新社
Riesman, David (with Nathan Glazer and, Ruel Denney) 1950 (→1961) *The Lonely Crowd: A study of the changing American character*, Yale University Press.＝一九六四　加藤秀俊訳『孤独な群衆』みすず書房
東京都生活文化局　一九九八『大都市青少年の生活・価値観に関する調査』第8回東京都青少年基本調査報告書
辻　大介　二〇〇四「若者の親子・友人関係とアイデンティティ――16歳〜17歳を対象としたアンケート調査の結果から」関西大学『社会学部紀要』
和田秀樹　一九九九『自己愛の構造――「他者」を失った若者たち』講談社選書メチエ

コラム　因子分析

本章では、自己意識を構造的に把握するために、因子分析という手法を用いた。因子分析は、すでに第三章でも使用されているが、三つ以上の項目（変数）を同時に扱う多変量解析の中でも最も多く用いられる分析手法の一つである。

因子分析は、複数の質問項目（観測変数）の相互関係を分析することによって、背後にある潜在的な要因（共通因子）を探り出す手法である。観測変数とは、質問項目に対する回答のことで、直接知ることができるデータのことである。それに対し共通因子は潜在的なもので直接観察できるものでは

ない。

図表 5–9

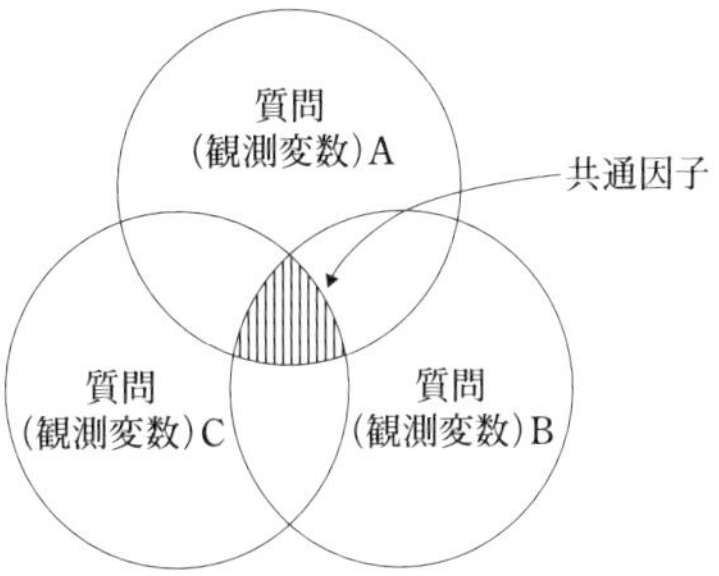

図表 5–10

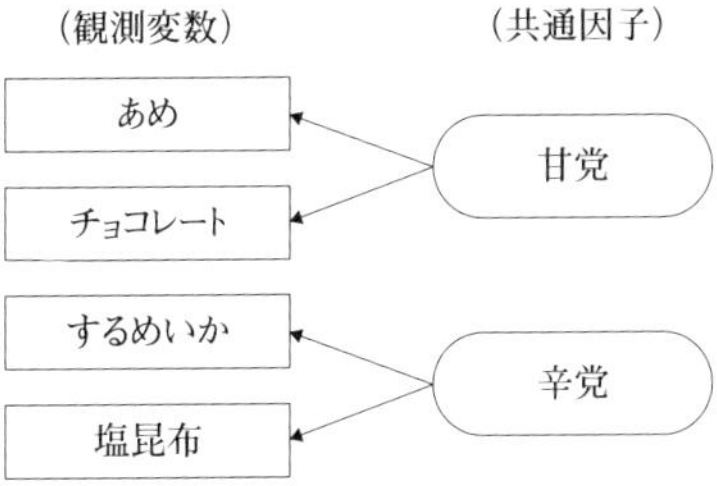

これでは、初めて因子分析というものを聞いた方には分かりにくいかもしれない。厳密さを大幅に犠牲にして、イメージだけを伝えると、次のような感じである。例えば、「あめ」「チョコレート」「するめいか」「塩昆布」という四つの食べ物があったとしよう。Aさんが「あめ」と「チョコレート」を選び、Bさんが「するめいか」と「塩昆布」を選んだとする。この選択から、Aさんが甘党で、Bさんが辛党だと推測できるだろう。「あめ」などの具体的に選ばれた食べ物がここでの質問項目（観測変数）にあたり、推測された「甘党」などの志向が潜在的な要因（共通因子）にあたる。

また、取り出された共通因子が何を意味しているのか、どのように命名できるのかということが、客観的に決まるわけではない。上記の「甘党」や「辛党」と同じように、質問項目（観測変数）との関係から事後的に因子の意味を解釈することになる。

例えば、本文で示したように、二〇〇二年調査の自己意識に関する一〇の質問項目を用いて因子分析を行うと図表5-3のような結果がえられる。第一因子をみると、「意識して自分を使い分けている」や、「自分の中には、うわべだけの演技をしているような部分がある」、「場面によってでてくる自分というものは違う」の欄の値が高くなっている。

この〇・六七五、〇・五九九、〇・四一九という値は、因子負荷量と呼ばれるものである。因子負荷量は、絶対値が大きいほど、その項目と因子との関係が強いことを示している。－と＋は相関係数などと同じように、＋は正の関係にあること、－は負の関係にあることを意味している。したがって、複数の自己という観点に関わる三つの質問項目（観測変数）と関係が強いこの因子を、〈自己複数性因子〉と呼ぶことができるというわけである。

また、いくつの因子がとりだせるのか、ということも客観的に決定されるわけではない。固有値が一以上であるもの、あるいは固有値が大きく変化するところまで、という基準がよく用いられる。固有値は少々説明が難しいのだが、各質問項目（観測変数）との関連の強さ、因子としてのまとまり具合のようなものである。固有値の値が大きなものから、第一因子、第二因子、第三因子…としてとりだされるので、はじめのほうの因子の説明力が高いことになる。

第三章の図表4-3で、「負荷量平方和（分散の％）」という欄があるが、これは寄与率とよばれるものである。寄与率は、質問項目（観測変数）の散らばり具合をどの程度説明するかを示している。なお、本章の図表5-3では寄与率を示していない。それは、因子の解釈を容易にしてくれる因子軸の回転方法で、因子間に関連があると想定した手法を用いているためである。因子間に関連があると考えられる場合には、よりすぐれた手法なのだが、単純に寄与率を示すことができなくなっている。

因子の抽出方法や因子の解釈を容易にしてくれる因子軸の回転の方法には、様々なものがある。因子の抽出方法でいえば、第三章では主因子法、本章では最尤法が用いられている。因子軸の回転法は、それぞれバリマックス法、プロマックス法が使用されている。各方法がどのような特質をもつものであるかについては少々複雑な話になるので、興味のある方は専門書に挑戦していただければと思う。

文献

芝　祐順　一九七九『因子分析法（第2版）』東京大学出版会

第六章　若者の道徳意識は衰退したのか

浜島幸司

1　若者に対する社会の見方

1-1　バッシングされる若者

社会で生きて行くのに欠かせないルールや行儀を身につけないまま、二〇歳になった新成人が少なくない。

右の一文は、読売新聞の朝刊（二〇〇一年一月一二日）に掲載された社説の一部である。「成人の日」にあたってのものであるが、若者の規範意識を憂いた内容になっている。確かに、ある地域では法に触れる行為があったことは事実である。それは、若者に限らず、取り締まられるのは当然のことと考えられる。

しかし、次のことまで書かれると、論者にある別な意図を感じてしまう。

最近の成人式は、携帯電話が鳴り響いたり、声高なおしゃべりが飛び交ったりと、行儀をわきまえない出席者のふるまいが目立つようになっていた。

無論、新成人をひとくくりにした非難はできないが、一部出席者の傍若無人には、規範意識の欠落が著しい。

要するに、成人の日に各地で起こった若者の行動をもとにして、どうも最近の成人の態度は、「けしからん」と位置づけているのだ。若者の規範意識は欠落しており、成人としてふさわしくないと考えられている。この論調は、二〇〇一年に限らず、二〇〇二年の社説でもみられる。(1) 新聞にかかわるジャーナリストのみならずとも、この手の話題になると、何か言いたくなる人が多い。若者のマナーについて、それぞれの人の立場から「なっていない」、「そうは思わない」、「大人が悪い」、「社会が悪い」と意見が寄せられる。投書の数が四〇〇通も届いたとの記事(読売新聞二〇〇一年一月二七日東京朝刊三一面)がそれだ(図6-1)。

図表6-1　若者マナーに関する新聞記事

ぞっとするね、若者マナー

育てた親にも責任

記事の中身を抜き書きすれば、「最近は学生が乗ってくると、ぞっとします」、「厚化粧、ミニスカートの女子高生風の四、五人が大股《また》開きで駅の階段を占拠していました」、「電車の中での大声、携帯電話の音、しゃべり方と、まるで家の中のような振る舞いです」、「学校の規則が、私の年代より若い層から少しずつ甘くなってきています」、「『仲良くなれば同じ人間だと思えるけれど、関係ない時は人間とは思えないんだよね』」、「大人は怒らない、と思うからこその彼らの暴挙なのです。毅然《きぜん》とした態度を、今こそ」、「ただ、まわりの人間が見えていないだけ」と若者たちへ苦言が並ぶ。

なんだかんだ言いながらも、多くの人々が若者についてよく見ていると感心してしまう。他人のあらを探すほど、実は相手をよく研究していたりする。加藤茶であれば「アンタも好きねえ」というはずだ。それはともかく、「若者」は社会にとってのメディア（媒介物）である。

多くの意見が交わされることは、そう悪いことではない。他者からのコメント、自分にはない着眼点を新たに知ることは、視野が広がるのでよい勉強にもなる。もちろん、根拠が乏しかったりするような話は議論として生産的とはいえないので、論外である。

ただ厄介なのは、議論のないまま一部の主張を優先して政策決定へとつながることである。ある筋から強大な権力が関わってきて、私たちの生活に多大な影響があらわれていく。その好例として、近年の少年法改正がある。

少年法は従来よりも厳罰を科すものへと改正された。改正を決定的にした背景には、「少年犯罪の凶悪化」が増加しているとの理由があったとされる。たしかに、一九九七年には神戸で起こった少年による殺人事件をはじめとした「凶悪」とされる犯罪が数件、起こった。[2] 個別の事件性については許されないものである。しかし、凶悪化が増加しているかどうか、発生件数を経年比較してみると、近年になって多発しているとはいえないのである（広田 2000, 鮎川 2001, マッツァリーノ 2004）。一方で同じデータを用いて、法学者の前田（2000, 2003）が少年犯罪の凶悪化を訴えている。しかし、統計を見る限り、多発しているとの結論を導くことはできない。

少年犯罪は近年になって頻発する傾向にあり、社会の混乱を招いてしまう。ゆえに、早急に取り締まらなければならない。しかし、データを読めば、この理屈は成立しない。少年犯罪の凶悪化は昔から存在し続けているからだ。ということは、少年法改正に至る別のストーリーを考えたほうがよさそうだ。

そのストーリーとは……。ある保守層が前々から少年法の改正を目論んでいた。そして、そのための素案も完成していた。準備はすでに整っており、あとは改正が可能となる最高のタイミングを待っていたのだ。そのためのシナリオが、どこかで周到に用意されていた。現に改正法案は、事件直後に提案がなされ、世論の支持を得て、一気に議会で可決してしまった……。その一連の経緯と視点については、渡部（2002）に詳しい。

渡部は、成立までの期間が通常の国会運営を考えれば異常なくらい早い仕事であり、ゆえに政策決定者はセンセーショナルな事件を待っていたと読める、と主張する。事件だけで政策は動くことはない。政策となるためには多くの運動が必要となる。今回、運動の役割を担ったのは世論だったのである。とりわけ、報道が果たした役割が大きい。国会でのスピード可決を目指すためにも、マスコミなどで日々少年は否定される対象として描いてもらう必要があったのだ（渡部 2002）。

穿った見方かもしれないが、法改正は「出来すぎ」ている。

要するに、「何かしでかしそう（そのようなイメージが強い）な少年が、本当にそうなった（凶悪犯罪の発生）」だけのことでしかない。これは仕組まれた「予言の自己成就」にあたる。「予言の自己成就」とは、アメリカの社会学者マートンが提唱した概念である（Merton 1957＝1961）。トーマスの定理（「人々が正しいとみなすものが、真実となる」）を援用してのものだ。社会全体で、若者が「なっていない」とみなしつづけることで、それは現実のものとなるのだ。少年は悪役である。少年の次の悪者は若者である。成長して、急に更生されると、これまで作り上げてきたストーリーとの辻褄が合わなくなる。近年注目された、生徒時代に暴れていた若者が、その後、教員になって母校に帰るという物語（ヤンキー先生）は稀な事例だから話題になるのだ。当たり前の出来事であれば、誰も注目しない。悪者の少年たちが、急に善人になるという設定の脚本はまだ完成していない。だから、若者に対しても否定的な見方が中心となる。

例えば、若者たちが意見を述べ合うTV番組、『真剣10代　しゃべり場』（NHK教育）がある。毎回、討論テーマを用意し、その是非を若者どうしで語らう。ここでは、いろいろな若者たちの意見を通して、視聴側に様々な若者像を与える。だが、そもそもこの番組、「捉えにくい若者を理解しよう」というコンセプトが背後にある。制作サイドが大人である以上、当然、若者からの視点ではない。制作上、番組を視聴すれば若者を「わかる存在」とさせるために、まず番組冒頭などでは突飛な事例などを用意して、「若者は理解不可能」といったイメージを最初に提示しなければならない。これを「問題である」という認識の共有が目指される。この演出がなければ、番組として成立しないのだ。

「わかりやすい」番組のためにも、若者の扱いを単純化していく。単純化した若者像は視聴側に受け入れられもする。その意味で、若者を扱う番組の構成そのものにバッシングの視点が組み込まれているのだ。某公共放送も、最近ではバッシングが強い。法律沙汰になったのはごく一部の人間であり、他の職員たちに非はない。にもかかわらず、組織全体がバッシングを受けてしまう。彼らの立場もまた「若者的な存在」であったりもする。

1－2　日本をダメにする若者たち

若者を否定的なイメージで捉えた本が、多く出版されている。若者の不可解さを語ることに一定の需要があるということだろう。実際に、最近の若者が「なっていない」と表明する言葉を拾ってみよう。

波頭（2003）の論がこの代表とでもいえる。まずはこれを取り上げてみたい。彼の若者論は、彼が接した若者とのやり取りという経験に基づいてのものである。その経験を踏まえ、若者の規範が昔と比べ、「よろしくないもの」として捉える。

> 何がカッコよくて、何がカッコ悪いのか。何が大切で何が大切でないか、といった価値基準や行動規範についても、若者の影響で世の中全体がかつての常識と大きく違ってきている。（波頭 2003:1）

> 多くの普通の社会人がいまの若者たちに感じている「どうしようもない、ダメな奴ら」という評価のほうが筆者には実は正鵠を得ている気がする。（波頭 2003:3）

若者の行動とライフスタイルを三つ（「頑張ること」の放棄・規範の拒否・安直な自己満足）の特性に集約している（波頭 2003:26）。それが日本社会の将来への危惧とつながる。

「ラク」が一番「イマ」が大切という現代の若者のライフスタイルが、この日本社会を根底から衰退させ、ひいては亡国のリスクすらはらんでいる。（波頭 2003:176）

社会化を拒否し、規範と能力を習得しない社会の構成員はその社会自体を解体してしまう。（波頭 2003:176）

若者の意識や態度に目に余るものを感じ、それがやがて今後の日本社会へ悪影響を及ぼすとの論調であった。そして、これは波頭のみの意見でもない。「安直な自己満足」について、例えば、荷宮（2003）は若者への不快感を提示する。

「決まっちゃったことはしょうがない」という価値観に基づいた言動をする若者の姿を見聞きする度に、むかついてしょうがないのである。（荷宮 2003:27）

『頑張る』ことを放棄する」のは「学力低下」をめぐる議論と重なってくるだろう。この論争の端緒は、大学生が計算できないということであった（戸瀬・西村 2001）。その後、高校生・中学生へと低年齢化し、「ゆとり教育」を政策とする文部科学省へ批判が展開されたのは周知のとおりである。ここで忘れてはいけないのは、学力低下と勉強意欲の低下という問題の背後には、それによって将来の日本がダメになるとの前提が含まれていることである。大野・上野（2001）らの意見が代表的であろう。

生徒に関しては、現代社会がどんどん変わっていって、努力をしないでもいろいろなものが食べられる、生きていかれる、勝手気ままなことをやっていても毎日を結構楽しく過ごすことができる、という考え方が少年少女にいきわたっています。子どもは学校で勉強をしなくてもいいのだと思うようになっているのです。基本的な事実の学習、基礎教育の不足から……（中略）……、勉強がわからなくなってしまいます。そのために「自由」と「勝手」との区別をつけられない子どもたちが勝手放題をする方向へ行っていると思うのです。（大野・上野 2001：v）

現場の教師に子どもたちの意識をたずねた調査でも、児童・生徒の「学力が低下している」（「あるよく＋時々」」七八・三％）、「学ぶ意欲が低下している」（同七六・一％）と、否定的な意見が並んでいる（浜島 2004a：7）。

「規範の拒否」が若者の無気力を招くという意見としては、たとえばフリーターや犯罪といったものが重なって語られてくる。

まず、フリーターに関してはこうだ。

フリーターという言葉から思う若者像は、人によりずいぶん違う。その若者像は「無責任、いいかげん」というネガティブなものもあれば、「やりたいことをやろうとしている」というポジティブなものもある。（小杉 2003:i）

長山は、フリーターのネガティブなイメージを記している。(3)

フリーターは「親の心子知らず」を絵に描いたようなものだ、という意見がある。苦労して育て、学校を出したのに、その後も定職に就かず、親の脛をかじり続けているとなれば、親は困惑するだろうし、経済的にも苦しくなる。（長山 2003:75）

日本の長引く不況には、働こうとしない（無気力な）若者にも責任があると結びつけられてしまう。しかし、実際には、若者の就労意識のほかに、「企業社会の問題が、若者の厳しい現状を生んでいるという視点」（小杉 2003:ii）もあるから、若者の就労意識の変化を「諸悪の根源」として決めつけることはできない（第五章）。しかし、最近では、フリーターにとどまらず、無業者をあらわすニートが話題になっている。学校教育では「働くこと」を児童・生徒たちに学ばせるカリキュラムの構築が急務となっている。人間の平均寿命は延びていても、学卒後の進路決定は早期にしてもらわなければ困るというのが、公の意見なのだろう。

次に、犯罪についてはこうだ。清永（1999）は少年たちが非行に及んだのには、規範の欠如があるからだという。

> 最近の非行事件のうちに、社会の善悪を計るモノサシを身につけていない少年による数多くの無規範型非行の存在を認めることができる。（清永 1999:25）

> 衝動の論理の時代の少年たち。少年たちには、自分がない、他者がない、社会（規範）がない。将来ある大切な自分、嫌な社会でも心や行動を抑制しながら生きていかざるをえない自分を現実世界に繋ぎとめてくれる誰か、人の流れに連なり生きていく上で最低必要とされる社会的モノサシ。これらの何もない。あっても脆弱で欠陥化している。（清永 1999:25）

少年による凶悪犯罪の増加を訴える前田（2003）も規範について触れる。

戦後後半の犯罪の増加や質的変化は、大きく捉えれば「社会規範の喪失」と説明できる。喪失というより、十分に教育されなかったのである。家族の変質、自由と放任の混同、規範的統制は個性・能力を削ってしまうという錯覚の蔓延、情報化社会におけるマスコミの規範破壊的機能……(前田 2003:203)

これらが、犯罪増加の遠因であるというのだ。規範の喪失は、社会学でいうところのアノミー(無規制状態)によるとの意見もある。

現代社会における全体状況としての「社会的無規範状況」、すなわちアノミー(anomie)の深化に伴い、「何でもあり」という状況が形成されている。このような中、おとなも子どもも、そして当然青年たちもどうやって生きていったらよいかわからない、という事態に陥る。……(中略)……これらの側面が、若者たちの援助交際や薬物(麻薬)使用に対する寛容意見を形成したり、「普通の子」がある日突然、凶悪犯罪を引き起こす「いきなり型」が大きな特徴といわれることに代表される非行の一般化を形成したりすることにつながるといってよい。(仲尾 1998:163-164)

規範の喪失が、若者に著しいからこそ、犯罪の多い社会になるという論調である。アノミーについては、最近になっていわれていることではない。デュルケームが『自殺論』を書いた一九世紀末から、絶えずいわれていることだ。今更、強調すべきことでもないはずなのだが。

また、犯罪とまではいかないまでも、千石（2001）は「自己決定主義」が若者に蔓延していることに触れている。「わがまま」は、よくないようだ。

新しい規範として「自己決定ルール」が出現し、それがときに法や道徳を凌駕するようになってきたことに留意する必要がある。（千石 2001:38）

自己決定を金科玉条とする風潮は、規範を薄める結果を生む。このような自己決定は、当然、権威や干渉と相入れない。無倫理な自由の空間があって初めて日本的自己決定主義が保証される。こうして、「わがまま」「無軌道」が助長される。（千石 2001:74）

精神病理に詳しい町沢（1999）も、自己中心な若者を異質だと思っている。

会社での自己中心的な若者たちのふるまいというのは、中高年の人たちにとってはまるでエイリアンとの遭遇とでも考えた方がよさそうである。（町沢 1999:176）

この若者像は、日本人の大人から提唱されるばかりでもない。海外からも参入してくる。昨今の青少年の自己中心的な行動を憂いた、特異な「外国人」による本が売れてしまった（ゾマホン 1999）。テレビに登場した日本びいきの外国人のようだ。明治期の日本の教育に傾倒し、時代錯誤もここまでくると逆に許容されてしまうのだろうか。[4] 次のコメントは、返答する気も萎えてしまうほどのものだが……。

（日本では子どもに体罰を加えることを認めない風潮が強くなっている。とのコメントに対して）
戦前の日本に比べると今の方が問題が多い。それは子どもたちに体罰を与えていないからだと私は思う。（ゾマホン 1999:173）

（最近の若者のファッションを見てどう思いますか？　に対して）
日本の子どもは外国人のように髪を染め、ミニスカートを着る。外国の価値観を真似してはいけません！（ゾマホン 1999:195）

……。

若者が自己を優先する風潮は嫌悪されている。これらの言葉は、三〇歳をとっくに過ぎた、大人たちから寄せられたものである。

他にも、書店に行けば、若者について「わからない」、「社会に立てない」などと明らかにネガティブイメージを謳ったタイトルの書物が並んでいる。もういいだろう。若者は大人社会から異端視され、否定的にみられていることがよくわかった。(5)

2　若者には道徳・規範意識はあるのか？

このように最近の若者をめぐる議論の大半は、若者に対する否定的な見解が強い。否定の項目についてまとめれば、マナーの悪さ、道徳・規範意識の低下、大人世代との価値観の乖離、ということになろう。

だが、これまで引用してきた多くの声は、各人が出会った若者との経験によるものである。個別の経験を一般化して、活字にしている。その活字が、市場に流通することになってしまう。もちろん、私には、その経験が誤っているとまでいうことはできない。

しかし、若者の多くの実態を捉えた上での結論ともいえない。その意味で、先に登場した若者への言及は印象論といわねばならない。

これら印象論において否定的に扱われる道徳・規範意識の実態がどうなっているのか、調べることが本章の目的である。若者の道徳・規範意識はいわれるように低いのだろうか。こちらの調査データで明らかにしていこう。若者の道徳・規範意識の全体像が明らかになったあとで、道徳・規範

図表 6-2　道徳・規範項目への賛否

%	賛成する	まあ賛成する	「賛成」合計	あまり賛成しない	賛成しない	合計	N
「約束の時間は守るべきである」	72.8	24.8	**97.5**	1.9	0.6	100.0	1090
「みんなが並んでいる列への割り込みをすべきではない」	81.5	14.8	**96.3**	2.1	1.6	100.0	1095
「ごみのポイ捨てはすべきではない」	70.6	25.7	**96.3**	2.5	1.2	100.0	1093
「目上の人と話をする時は敬語を使うべきである」	57.6	36.6	**94.2**	4.3	1.5	100.0	1093
「選挙には行くべきである」	38.4	45.0	**83.4**	12.6	4.0	100.0	1094
「電車やバスの中で化粧をすべきではない」	41.7	38.2	**79.9**	15.2	4.9	100.0	1091
「ボランティア活動には参加すべきである」	17.2	57.3	**74.5**	21.6	3.9	100.0	1090

意識と別の意識や行動との関係を扱っていくことにする。道徳・規範意識のレベルによって、別の意識や行動に影響があるといえるのだろうか。

それでは、若者たちには本当に道徳や社会規範がないのか。実際に、そのことを確認する調査結果をみていくことにしよう。現状の日本社会のルールに関する項目を用意し、それらについてどう思っているか（賛成しているのか、反対しているのか）をみたものが、図表6-2である。結果は一目瞭然である。「〜べきである」と問われた質問に若者は「賛成」している。「みんなが並んでいる列への割り込みをすべきではない」、「約束の時間は守るべきである」、「ごみのポイ捨てはすべきではない」と、一般社会で常識・マナーといわれる項目への賛同は高い。「賛成」の割合をみれば、「ボランティア活動には参加すべきである」が最も低いが、それでも七四・五％である。四人中三人は、「賛成」しているのだ。

図表は略したが、性別によって、また年齢（加齢・世代）別によっても、いくつかの項目で意識に差異がある。男性よりも女性の方に、「ゴミのポイ捨てはすべきではない」、「電車やバスの中で化粧をすべきではない」、「ボランティア活動には参加すべきである」への賛同が多い。女性はより道徳・規範的ということができる。

この全体結果をみると、「若者の道徳・規範意識が低下している」というのはウソだといえる。彼らの大半は十分といってよいほど、社会をわかっているし、これらの道徳・規範に反抗・抵抗は考えていない。先に紹介した荷宮であれば「決まっちゃったことはしょうがない」証拠とでもいうのだろうが、若者たちは現状の社会で必要とされている価値観に従い、社会生活を送ろうとする意識が非常に強いのである。若者たちは今の社会の道徳・規範に対し理解を示していると解釈することができる。

それにもかかわらず、大人側はメディアを通じて、自説を展開している。批判ばかりの若者論が、「正しいもの」といえるのかどうか、疑わしい。

図表 6-3　道徳・規範意識得点構成表

		全体		
		N	%	%
低	7点	2	0.2%	51.6%
	8点	0	0.0%	
	9点	0	0.0%	
	10点	1	0.1%	
	11点	0	0.0%	
	12点	2	0.2%	
	13点	0	0.0%	
	14点	5	0.5%	
	15点	4	0.4%	
	16点	7	0.6%	
	17点	8	0.7%	
	18点	15	1.4%	
	19点	41	3.8%	
	20点	53	4.9%	
	21点	77	7.1%	
	22点	85	7.9%	
平均	23点	113	10.5%	
	24点	144	13.3%	
高規範群	25点	174	16.1%	48.4%
	26点	161	14.9%	
	27点	122	11.3%	
	28点	65	6.0%	
	合計	1079	100.0%	100.0%

3　道徳・規範意識のグループ分けとその属性構成

大多数の道徳・規範意識は高い。道徳・規範意識が衰退していないとはいえ、分化があることも否定できない(6)。先に挙げた若者への非難が、一部の突飛な若者の意識と行動に出会ってしまったがゆえのものだからかもしれない。であるとしたら、道徳・規範意識と別の意識や行動のあり様を探ってみる必要は十分ある。

そこで、道徳・規範意識が高いグループとそうでない（=低い）グループに分けてみる。先の道

図表 6-4　道徳・規範意識得点グラフ

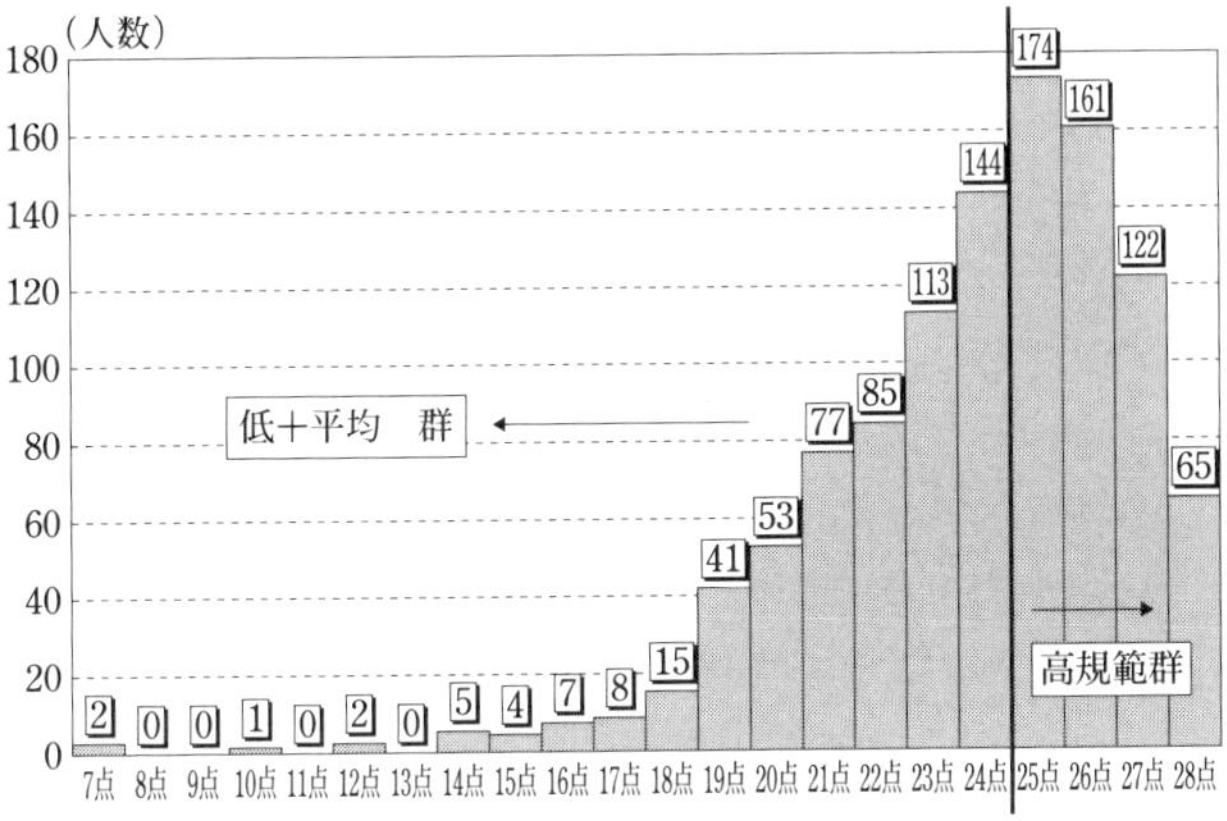

徳・規範意識を検討した図表6－2の項目を、ここでも使用していきたい。七つあるこれらの項目を、一つの尺度（道徳・規範意識変数）として指標化してみた。各質問項目の選択肢を、「賛成する（四点）」、「まあ賛成する（三点）」、「あまり賛成しない（二点）」、「賛成しない（一点）」と得点化して、足した。これらの信頼性尺度（クロンバックのα）は〇・七二で、妥当とされる〇・七とほぼ同じぐらいである（【コラム　信頼性係数】参照）。この変数を、七つの具体的な場面での意識を包括する道徳・規範意識として、分析に使用する。

　この変数の平均得点をみておこう。二三・八四点（標準偏差二・九二）で最大値（二八点）の方に位置する。すべての項目を足しあげたときの中間が一七・五点（（七＋八＋・・・＋二七＋二八）／二二＝一七・五）であるから、高得点の側に位置していることがわかる（二三・八／二八＝〇・八五）。こ

図表 6-5　フェイス項目　×　道徳・規範グループ別

%	全体　n. s.			
	低+平均群	高規範群	合計	N
杉並	52.7	47.3	100.0	535
神戸	50.6	49.4	100.0	544
全体	51.6	48.4	100.0	1079

%	全体　＊＊			
	低+平均群	高規範群	合計	N
男	57.6	42.4	100.0	481
女	46.7	53.3	100.0	597
全体	51.6	48.4	100.0	1078

χ^2 検定＊＊p＜0.01

%	全体　n. s.			
	低+平均群	高規範群	合計	N
16–20歳	55.8	44.2	100.0	387
21–25歳	51.0	49.0	100.0	365
26–29歳	47.2	52.8	100.0	326
全体	51.6	48.4	100.0	1078

%	全体　n. s.			
	低+平均群	高規範群	合計	N
給与所得者	48.9	51.1	100.0	333
パート・アルバイト	59.6	40.4	100.0	141
自営業者	38.7	61.3	100.0	31
学生	53.5	46.5	100.0	452
その他	45.5	54.5	100.0	112
全体	51.6	48.4	100.0	1069

の結果からみても、若者たちの道徳・規範意識が高いということである。

　もちろん、この結果は「調査に回答したというサンプル（第一章を参照のこと）によるところが大きい」と留保はつけておいた方がよいだろう。また、あくまでも意識という彼らの主観ということであるから、実際にこれらの項目についてとる行動や頻度など今回は尋ねていない。これらについてはデータがないので「不明である」としかいえない。しかし、意識というものが行動へ反映しているという想定が、意識調査の基本である。それを踏まえている以上、本結果——彼らの道徳・規範意識が高い——は妥当といってよいだろう。

　これまでの若者批判は行動による規範の低下を扱うものの、意識の高さについては触れようとすらしない。それでは、若者の意識が高いにもかかわらず、行動に結びつかないのはどうしてなのだろうか。ここは逆に若者批判側の説明を待ちたいところである。このように、今回の意識の数字は、若者論を考察するにあたり、大きな意味をもっていると考えられる。

平均得点を境にして、道徳・規範意識が低いもしくは平均的なグループ（得点群：七―二四点＝「低＋平均群」）と平均以上に高いグループ（得点群：二五―二八＝「高規範群」）の二つに分けてみる。得点分布表は図表6-3である。各得点の人数をグラフにしたものが図表6-4である。

「低＋平均群」は得点差に開きがあるが、低得点者が非常に少なく、平均群グループに含めることにした。次節以降、二グループ間の比較を行って、道徳・規範意識の強弱が、他の項目に与える意味などをみていきたい。

まずは、二グループ間に占める属性（性・年齢・職業）別の割合をみたものが図表6-5である。表内の％より、「低＋平均群」に男性、一〇―二〇代前半、学生やアルバイトが多く、「高規範群」に女性、二〇代後半、給与所得者が多くなってはいる。たしかに性差がみられる。しかしこれらの規範グループは、ある属性に大きく偏った構成ではないことがわかる。

4　道徳・規範意識の高いグループにみられる特徴

表6-6は行動面、意識面に関する質問項目のいくつかを、道徳・規範グループによってどのよ

うな回答結果になっているのか、クロス表を集約して作成したものである。表はすべてクロス分析の結果、有意水準五％未満（カイ二乗検定）の項目である。つまり、この表内の回答傾向は二つの道徳・規範グループによって異なるといえるものだ。それでは、行動面と意識面に分けて、どのような結果となっているのかみていくことにしよう。

4―1　「高規範群」は、周囲を気にした行動を取る

「勉強や仕事に対して真剣に取り組む」、「新聞の政治・経済面を読む」、「（物事を決めるときに参考にするもの）親の意見」、「（物事を決めるときに参考にするもの）世間の評価や道徳」、これらをよく行っているのは、「高規範群」の若者たちだ。

「高規範群」の彼らは、とても「まじめ」といえそうだ。全体の回答傾向と比べ、非常に高い回答を示しているからである（「低＋平均群」と比べても、相対的に多く実践しているということにもなる）。だからといって、「低＋平均群」の若者が「どうしようもない（ふまじめ）」とまではいうことはできない。むしろ、「高規範群」の若者たちは、「低＋平均群」と比べて、「真剣」、「道徳」、「親・世間」という言葉に過敏ともいえる行動をしていると解釈したほうがよいのかもしれない。道徳・規範得点が高ければ高いほど、これらの質問の回答が高くなるのである。(7) あたかも、大人社会が求めている若者像のモデルが、「高規範群」の彼らにあるかのようだ。

図表 6-6　差異のある項目　×　道徳・規範グループ別

場面	質問	選択肢	低+平均群	高規範群	全体	検定
		%				
行動	新聞の政治・経済面を読む	「する」	36.3	56.1	45.8	＊＊
	ゲームセンターに行く	「する」	33.4	27.6	30.6	＊
	勉強や仕事に対して真剣に取り組む	「ある」	75.3	90.2	82.7	＊＊
	(物事を決めるときに参考にするもの) 親友や恋人・配偶者の意見	「あてはまる」	68.2	75.8	72.0	＊
	(物事を決めるときに参考にするもの) 親の意見	「あてはまる」	52.1	70.9	61.5	＊＊
	(物事を決めるときに参考にするもの) 世間の評価や道徳	「あてはまる」	19.5	35.7	27.6	＊＊
意識	「みんなで力を合わせても社会を変えることはできない」	「賛成」	34.5	21.2	28.1	＊＊
	日本の将来に強い関心がある	「そう」	41.0	60.2	50.3	＊＊
	生活ができるのならば定職に就く必要はない	「そう」	40.8	28.0	34.6	＊＊
	「ありのままの自分でいることが大切」	「共感する」	64.5	74.3	69.2	＊＊
	「自分の個性や自分らしさを探求し、発見することが大切」	「共感する」	63.5	78.8	71.0	＊＊
	(友人について) 相手の考え方に共感できること	「重要」	83.2	89.6	86.3	＊＊
	(友人について) つきあいが長く続きそうだと思うこと	「重要」	56.2	64.0	60.0	＊＊
	(友人について) 相手の本名 (フルネーム) を知っていること	「重要」	43.4	54.1	48.5	＊＊

χ^2 検定＊p＜0.05＊＊p＜0.01

4−2 「高規範群」は、自分や日本の将来を考えている

意識面で、「高規範群」の回答割合が高かった項目をみておこう。まず「自己分析や自己啓発の本を買う（したい）」、「留学する（したい）」、「自分の個性や自分らしさを探求し、発見することが大切」のように、今後の自分のためになるようなことを強く希望している。自分だけに関心があるのではない。これらの項目を自己に対する意識と捉えるならば、彼らは自己をしっかりもちたいと考えている。自己決定主義、自己中心にある若者たちは、社会規範が希薄であり、大人社会では問題となっていることはすでに示した。自分のことを優先し、社会のことは二の次というイメージである（千石 2001）。自己が強いのは、社会にとって困るようだ。しかし、自己をかなり意識しているのは「高規範群」の方である。対して「低＋平均群」は、自己への意識が低い。自己意識と社会意識は相反するものではなく、むしろ相関している。自己決定、自己中心がなされるのには、社会規範もある程度、内面化できていなければならないのだ。逆に、社会規範の内面化ができていなければ、自己決定、自己中心といったものも根づかないこととなる。自己決定主義、自己中心にある若者たちは、社会規範が希薄なのではない。両意識がともに希薄なのだ。若者批判論者には、見かけ上、自己への意識のみが強く感じられたようだ。

自己が確立できていないと、社会という大きな空気も読めないはずである。自己と社会との境目がわからないと、自分でも何を主張したらよいかわからなくなる。だから、この結果は当然ともいえる。現在の若者は、局面に応じて自分を使い分けることができるほどの高度な自己操作能力を持

っている（自己についての検討は、第五章と第七章を参照）。彼らは自己だけの研鑽をしているわけではない。社会も理解している。社会を通じての自己決定が図られているのだ。

むしろ、これ以上、自己についても、社会についても、大人側からの「ダメ出し」に若者が従う必要はないとの証拠になる。逆に、「相手にしすぎない」意識こそ高めていかなければならない。人々を騙す「オレオレ詐欺（↓振り込め詐欺）」は、高い自己意識と社会規範を土台としている。詐欺師の演技に従うのではなく、詐欺師の演技を見抜き、余裕をもって付き合うぐらいの気持ちが大切だ。もっとも、騙されているのは、若者ばかりではない。これまで構築されてきた規範・常識に順応しすぎているからこそ、つけこまれてしまうのだ。

もう一つ「日本の将来に強い関心がある」にも注目しておこう。「高規範群」は、日本のゆく末が気になるようだ。道徳・規範が強く内面化されると、大きな社会に対しての思考も高くなる。しかし、「日本の将来に関心がある」と回答したのはサンプル全体の約半数である。今回のデータのように、道徳・規範意識が高い若者たちであっても、全体的についてはは強く意識しているとは言い難い。(8)

一方で、「低＋平均群」に多かった意識は、「みんなで力を合わせても社会を変えることはできない」、「生活ができるのならば定職に就く必要はない」の項目であった。比較すれば、集団のもつ力の軽視、定職よりも生活の優先を考えていることがわかる。ただし、この「就労意識」についても、定職にこだわらない意識を肯定するのはサンプル全体として三割程度である。六割以上が定職に就く必要性をもっているということも理解しておいてもらった方がよいだろう。三割も定職にこだわらない若者がいるのか、それとも、六割以上が定職の必要性を考えているのか、どちらの結果を私たちが意識するかで、議論は変わっていく。

他にも、友人に対しても、「高規範群」は濃密な関係を求めていることがわかる。単に、友人関係に保守的というわけでもなさそうだ。第四章でも述べられたように、そもそも若者の友人関係が希薄化しているわけではない。むしろ、場面によって、属性によって、友人の使い分けがなされているのだ。この知見を踏まえるならば、「高規範群」の若者たちは、友人の使い分けを行いつつ、さらに昔ながらの濃密な関係も求めようとしていると解釈できよう。

以上、これらの有意差があらわれた項目結果について、次のような見解も成り立ちうる。「低＋平均群」が集団の軽視、定職よりも生活の優先を考えているというのではなく、むしろ「高規範群」が否定しすぎている、と。彼らが大人社会の要求する「模範的」若者像に近づこうとしているのではないか。これも教育の成果といってよいのだろうか。

5　道徳・規範意識と関係が「ない」ことがわかった項目

しかし、関係がみられない項目も多々みられる。しかも、これまで関係があるとイメージされてきたものにみられる道徳・規範意識の持ち方と、別に議論した方がよい行動・意識がたくさんあるのだ。図表6-7は先の図表6-6同様のクロス表である。この表内の回答傾向は分析の結果、道徳・規範グループによって差異がない（=関係がみられない）といえるものである。

5-1　見た目・所持品・日ごろの行動と道徳・規範意識とは関係が「ない」

行動面での結果をみていこう。「コンビニに行く」、「マンガを読む・アニメをみる」、「髪の色を変える」、「写真・プリクラを撮る」、「ブランド品を購入する」、これらの行動に注目したところ、道徳・規範意識と関係ないことがわかった。大人社会、とりわけ周囲はとかく見た目や行動で人の内面までも判断しがちであるが、仮に「髪の色」が何色であろうが、道徳・規範意識の差異と関わるということは「ない」のである。

大人社会の方が、「見た目」を基準に、内面の差異を構築しているのではないか。「人は見かけで判断してはいけない」と教えてくれたのは、一体誰だったのだろうか。

5-2　大きな社会への意識と道徳・規範意識とは関係が「ない」

行動のみならず、意識についても、道徳・規範意識と関係がないものがある。

まず、「個人の力だけで社会を変えることはできない」、「日本は平等な社会である」、「日本の将来は明るい」など、大きな社会へのイメージは道徳・規範意識のもちかた（高低）とは関わりをもっていない。全体の結果をみればわかるように、大きな社会へのイメージは暗く、悲観的なものに

表 6-7　差異のない項目　×　道徳・規範グループ別

場面	質問	選択肢	低＋平均群 (%)	高規範群 (%)	全体 (%)	検定
行動	コンビニに行く	「する」	90.4	87.5	89.0	n. s.
	マンガを読む・アニメを見る	「する」	62.8	58.5	60.7	n. s.
	髪の色を変える	「する」	50.9	51.1	51.0	n. s.
	写真・プリクラを撮る	「する」	48.5	53.6	50.9	n. s.
	ブランド品を購入する	「する」	22.0	23.9	22.9	n. s.
	お金さえあれば、自分のやりたいことを何でも体験できると感じる	「ある」	57.3	54.4	55.9	n. s.
	物事を決めるときに参考にするもの　自分の意見や信念	「あてはまる」	75.4	81.3	78.3	n. s.
	物事を決めるときに参考にするもの　好き・嫌いなど自分の感覚や直感	「あてはまる」	67.6	70.0	68.8	n. s.
	物事を決めるときに参考にするもの　損得や影響などの計算	「あてはまる」	29.8	35.4	32.6	n. s.
意識	「個人の力だけで社会を変えることはできない」	「賛成」	72.9	71.7	72.3	n. s.
	「日本は平等な社会である」	「賛成」	28.2	33.3	30.7	n. s.
	「日本の将来は明るい」	「賛成」	15.7	15.2	15.5	n. s.
	社会や他人のことより、まず自分の生活を大事にしたい	「そう」	80.2	78.8	79.5	n. s.
	仕事よりも趣味や家庭を大事にしたい	「そう」	72.9	76.7	74.8	n. s.
	現在住んでいる地域に今後も住み続けたい	「そう」	63.5	65.3	64.4	n. s.
	将来に備えて耐えるより、今という時間を大切にしたい	「そう」	63.2	58.7	61.0	n. s.
	現在の生活に満足している	「そう」	55.8	58.7	57.2	n. s.
	仕事を選ぶときに、夢の実現よりも生活の安定を優先する	「そう」	51.8	55.2	53.5	n. s.
	友人について　相手と趣味や関心が近いこと	「重要」	81.4	83.4	82.4	n. s.
	友人について　その場その場でノリがよいこと	「重要」	49.1	46.9	48.0	n. s.
	友人について　相手の年齢が自分と近いこと	「重要」	41.6	41.3	41.4	n. s.

χ^2 乗検定による

なっている。それは若者全体を取り巻いている社会意識である。ここで若者たちが、「日本」という共同体をどのように感じているのか、ここでは不明である。おそらく、ある同質性の高い政治・経済・文化・教育システムの備わった空間（国家）をイメージしているとは思うが、そこへの将来性は低いことは確かだ。

日本社会を国家として位置づけてみた場合、とかく保守的な政治家や評論家は、愛国心と道徳とに強い関連があると主張しがちである。良識ある青年を育成するためにも愛国心教育を要求する。新保守主義者たち（ネオコン）の影響力を示すものであろう。実際、文部科学省の答申などにも「愛国心を育てる」といった文言が並んでいる。

だが、ちょっと待ってほしい。若者たちの現状をみれば、すでに道徳・規範意識は高く、それでいて将来の日本については悲観している（「関心」にはグループ内で差異はあるが）。道徳・規範意識をこれ以上高めたところで、愛国心（「日本社会」の扱いが難しいのだが）が増大するとは思えないのだ。同じく、道徳・規範意識を徹底させることが、愛国心を向上させるともいえそうもない。やはり、愛国心と道徳・規範意識とは関わりが薄いものとして捉えて、個別に議論していくことが望ましい。道徳・規範意識と愛国心は、相関しない代物なのだから。

5-3　「いま―ここ」重視の志向性と道徳・規範意識とは関係が「ない」

同様に、「社会や他人のことより、まず自分の生活を大事にしたい」、「仕事よりも趣味や家庭を大事にしたい」、「将来に備えて耐えるより、今という時間を大切にしたい」、「現在の生活に満足している」、「仕事を選ぶときに、夢の実現よりも生活の安定を優先する」などもグループ間で大きな差異はみられなかった。

これも、それぞれの全体集計結果を参考にしておいた方がよいだろう。若者たち全体の志向性として、何よりも「いま―ここ」を大事にしているのは、他の調査結果をみても同じようなものである（NHK放送文化研究所編 2003）。「今という時間」、「自分の生活」、これらをかなり重視しているのは、何も「高規範群」の若者だけではない。「低＋平均群」の若者も、同じことを思っている。「いま―ここ」の重視が若者特有で、大人社会は否定的なイメージをもっているのかもしれない。今という瞬間に没頭することが快楽主義的に思えるのか、「タヘガタキヲタヘ、シノビガタキヲシノビ」の心性に反することだからか。だが、「いま―ここ」を重視することが社会規範を揺るがす結果はあらわれていない。危惧する根拠は、ないということだ。これは、衝動的な若者の犯罪を防ぐためにも規範は必要であるとする土井（2003）の見解と反する。再三いうように、若者たちの道徳・規範意識は、全体的にかなり高い。「いま―ここ」を重視して、生活にもおおむね満足している彼らは、社会適応を十分すぎるほどしているといってよい。道徳・規範が崩れる予兆は何一つみられないとすらいってよいぐらいである。

他にも、若者たちは、「自分の直感」や「信念」や「損得」を重視している。友人との関係には「相手との趣味や関心が近いこと」、「その場のノリ」、「歳が近いこと」も重要だと思っている。これらの項目の結果は、道徳・規範意識の差異は関係していない。
なのに、大人社会は、まだ文句を言いたそうだ。

6　若者は今の道徳・規範を十分理解しているにもかかわらず……

データをみていくと、若者たちの道徳・規範意識は全般的に高い。むしろ、従順すぎるといってもよい。

私の若者の道徳・規範意識へのスタンスは、小谷（1998）、轟（2000）といった社会学者の見解に近い。彼らの見解も、今回のデータとは調査時点、サンプル、道徳・規範を示す項目など多くは異なるものの、「若者たちの道徳・規範意識は薄れていない」という。また、木村（2003）も高校生のデータを分析した結果、生徒の規範意識が高いことを明らかにしている。しかし、高校の教師は、生徒への評価が低い。

他に二〇〇三年に大学生を調査した結果からも、授業への出席割合の高さ、学業を重視する回答が増加している（武内編 2004）。これまで大学生の特権であったと思われる自由な時間が奪われ、中学・高校並みの生活管理（「生徒化」）を内面化させられている感すらある。大学生を大人として扱わずに、「子ども」でいることが当然となりつつあるかのようだ。大学生自身も、一部であれ、自分のことを「生徒」と呼ぶようになっている（これまでは「学生」と呼ばれることが日常だった）。

若者たちに規範意識があるか／ないかという議論は、もうこのくらいにしていいのではないか。批判を受ける当事者（＝若者）に尋ねてみると、規範の崩れを垣間見ることはできない。これは決して、若者たちの自意識が高いのではなく、また自己を顧みる能力が薄れているからというわけでもなさそうだ。批判をしている発信者にこそ、穿った固定観念があるのではないか。なぜ大人社会は若者への評価を厳しくするのか、その背後にある要求を解明していく時期にきたのかもしれない。

たしかに、道徳・規範意識は若者内部で分化している。二つのグループに分けて比較してみると、他の意識や行動と関連がみられる質問もあった（6-4節）。ただ、極端に数字が離れている項目は見当たらなかった。つまり、道徳・規範意識が低いからという前提をもって、若者の行動が「なっていない」、「おかしい」、「変だ」と決めつけることはできない。道徳・規範意識が高い若者も低い若者と同様な意識を持って、行動する。これが、多数の若者たちの姿なのだ。

この結果について見方を変えてみると、一部において道徳・規範意識の高い「高規範群」が過度に大人社会の期待に応えようとしていると読み取ることもできる。だが、「高規範群」の彼らがそこまで「模範的」になることで、どのような報酬を得るのだろうか。個人がいくら頑張ってみたところで、経済不況を克服することはできない。世界の動きは、インターネットを介したネットワークシステムにより、瞬時に大きく変わる。スピードを競う社会情勢の中で、「石の上にも三年」を信じていたら、取り残されてしまうことだってある。「正直者ほど馬鹿をみる」といったら言い過ぎになるだろうか。大人社会の期待に応えることで、若者たちに幸福が訪れるとは限らない。

今回、従来のイメージでは関係あると思われた項目と道徳・規範意識と関連がないこともわかった（6-5節）。しかし、更に大人たちは若者に従順であることを要求してくるように思えてならない。道徳・規範意識が衰えた（＝旧来の規範が支持されない）という根拠を提示できないにもかかわらず、「最近の若いものは」で始まる嘆きが衰えることはなさそうである。いや、更にバッシングは加速していくのではないか。

きっと今回の結果を不服とする大人は引き続き、若者を「なっていない」、「風紀が乱れている」などと主張し続けるだろう。大人が折角みつけた、公にバッシングできる数少ない標的をそう逃すとは思えない。子ども・少年・若者は、大人の玩具なのである。大人の都合が最優先である。とにかく、何かにつけ干渉し続けるのだ。バッシングそれ自体が大人社会を活性化することができるのであれば、飽きられるまで、このままの状態が続くだろう。

大人は、若者を大人とみなさないことで、自らの存在を維持しようとする。若者たちが大人社会に参入するためには、先輩である大人からの承認が必要となる。だが、その大人が承認しない以上、若者は非大人としての状態が続く。年齢・世代がつきまとう理不尽な先輩後輩関係であるが、閉鎖的な社会である以上、仕方のないことだ。

では、大人が承認したがらないのはなぜか。例えば、大人社会の疲弊した内部システムへのバッシングは自己否定になる。しかし、未承認者へのバッシングは自己否定にならない。部外者として扱えばよいからだ。若者を事前に怪しいと予言しておいて、何か問題が起きたときに、「彼らを承認しなくてよかった」と自己肯定できるストーリーが用意されている。部外者のしたことは、当事者の責任にならずに済む。少年法改正のときの手法と同じように、悪役を用意し、現状の大人社会の維持のために都合よく操作したいという目論みが隠されている。

ゆえに、大多数の社会の道徳・規範を遵守している若者たちは肩身の狭い思いをすることになる。「高規範群」の若者のように、大人社会の要求を満たそうと順応を優先することもあるだろう。しかし頑張っても、いつまでも若者への「ダメ出し」が続く。我慢の限界だってあるにちがいない。キレる若者の予備軍を養成している元凶は、思いやりの欠けた大人社会にある。でも、若者がキレたら最後、厳罰が待っている。

若者たちは、大人社会のいいなりのままなのだろうか。調査結果でみてきたように、道徳・規範というものが、必ずしも他の行動や意識と関係ないこともあらわれている。私は、あえてこの点を若者たちの大人社会への抵抗として注目したい。

若者たちは、社会規範と関係があるとイメージされてきた別の行動や意識に対し、多くの部分で距離を取る。道徳・規範意識はそれのみで完結することであり、他の項目（例えば、「髪の色を変える」、「日本の将来は明るい」など）とは別個のものとして扱った方がよい。大きな社会（＝日本・国家など）に含まれそうな愛国心の側面と道徳・規範意識とを相互に関係があるものと扱うことが間違いなのだとデータはいう（自己に関する結果もそうだった）。若者たちに、大きな社会へのイメージが暗いからといって、お先真っ暗かというと、それも間違いである。日本社会全体のイメージと、自分が生活する社会（そこは日本社会の中とはいえ）との将来イメージは異なると認識されている。自分が生活する社会の将来は明るいと見積もっているのだ。そこは悲観などしていない。このように若者たちの思考の変化に大人社会がついていけていない部分も多いのである。私たちは、既存のものの見方にとらわれずに、若者たちの思考を探っていかなければならない。

いつか必ず若者たちが社会の主導権を得るときがくる。いつまでも、若者を大人にさせないわけにはいかないだろう。大人も老衰を迎える。いつまで自活することができるのだろうか。大人たちの誤った判断で困るのは、大人たち自身であることは肝に銘じた方がよい。若者たちも、大人社会がこれまでしてきてくれたことを忘れてはいないだろうし。

本章のまとめを最後にしておこう。①若者の道徳・規範意識の衰退を根拠もなく主張することは間違いである、②道徳・規範意識と結びつく行動・意識は限定的である、③若者バッシングには大人社会の利益が隠れている。②と③は、これまでの若者への議論が印象論で語られることによって、あらわれてこなかった。

社会規範がしっかりしている大半の「ふつう」の若者たちはきっと、こういうだろう。

当事者がいないところで、干渉しすぎ。[9]盛り上がりすぎ。うざい。

そして、間違っている。わかっていない。

若者への批判的なまなざしを抑えることができれば、物事を見誤ることが少なくなるはずだ。

註

（1）とにかく、携帯電話のマナーへの苦言が目立つ。実際、若者がどれだけひどい行為をしているのかは、よくわからない。いないとまではいわないが、多くの若者がそうだということもないだろう。おそらく若者の使用頻度が多く、目につくのだろう。あまりにも彼らが手際よく扱うことに対し、操作がおぼつかない大人。つい何か言いたくなる……。そんな感情的な側面もあるように思われてならない。携帯をはじめ、メディアをめぐる若者分析は第三章参照のこと。

（2）近年の少年犯罪の事例について、丁寧に調べた書物があるので、詳細はそちらにゆずりたい（三浦 2004）。しかも、少年犯罪と関係があるらしいということで大手スーパー「ジャスコ」の地図も同時に付されている。この話を信じる郊外主婦層は、どこで買い物をすればよいのだろう……。

（3）長山自身、その著書ではフリーターに対して否定的な印象ではない。むしろ、共感的とさえいえる（長山 2003）。

（4）発言内容の是非は置いておくとして、彼の主張する「日本人らしさ」、「日本的伝統」、若者論は明らかにある社会層に「消費」（吉野 1997）され、賛同者を募り、とうとう小学校まで自国（ベナン共和国）につくるに至った（ゾマホン 2001）ことは事実である。日本人のメンタリティ（心性）を探る素材としては興味あるところであろう。

（5）片や、若者を肯定的に捉える声も新聞投書に寄せられている。若者は否定されてばかりでもない。これは、ちょっといい話である。しかし、このような意見は、否定主流の風潮にあっては大きく取り上げられることはない。若者は社会にとって悪役（ヒール）であってほしいというのが、現状の姿であるから。

帽子をかぶって休日に外出した。駅のホームで電車を待っていると突風が吹き抜け、私の白い帽子が飛んで、線路上に落ちた。どうしたものかと見回したが駅員の姿は見当たらない。／（＝改行　以下同）まあいいかとあきらめかけた時、携帯電話をかけていた学生が「ちょっと待って、後でかけ直すから」と言って走り去り、駅員を連れてきて、私の帽子のことを駅員に話した。電車が迫る放送が流れる中、駅員は棒のついた専用の道具で帽子を拾い上げてくれた。その際、学生は、駅員が線路上に落ちないように、駅員の手を握って支えていた。／……（中略）……／一部の人の行動で、とかく「最近の若者は」と言われるが、何気ない親切な行動を取り、マナーにも配慮した若者が世の中にはたくさんいると感じた。（会社員・男　五五歳）（読売新聞　二〇〇一年五月一二日）

（6）一枚岩的なやり方は、印象論者たちの主張と同じ論法を真似していることにもなる。

（7）調査報告書（浜島 2004b）ではこれを四グループで分析している。得点が高いほど、回答が高くなるという結果が得られている。傾向は本章の分析と同様である。

（8）ここでの「日本」という質問に、国家的な意味合いをどれだけ認識しているのかは、この文言だけでは読み取れない。本来ならば、「日本」＝「国家」＝「ナショナリズム」といった関連は問えない。しかし、本章での問題関心との関係もあり、試論的と限定せざるをえないものの、「日本」＝「国家」＝「ナショナリズム」とあえて想定した構成をとりたい。

（9）三浦（2005）などがその好例。著者のコメントはこうだ。一助のための本なのか、若者論に便乗しただけのものなのか、読者の判断を仰ごう。「正しい現状認識」などは、価値自由を備えた人間でもない限りできないはずだが……。

二〇〇一年以降、社会情勢はいっそう悪化した。犯罪が増え、自殺が増えた。青少年による不可解な事件犯罪も後を絶たず、ひきこもり、ネット心中も問題になった。そして四〇〇万人を超えるフリーター、無業者。事態はかなり深刻だ。この事態を、のんびり、お気楽、自然体の若者たちが乗り切れるのか。かなり怪しい。たしかに彼ら自身の問題もあるが、社会全体として対策を講じていかねばならない面も大きい。そのためには正しい現状認識が必要である。そのための一助に本書がなれれば幸いである。

とはいえ、私自身も若者論に絡んでいるのは事実だ。これは自省を込めての意見である。

文献

鮎川潤　二〇〇一『少年犯罪――ほんとうに多発化・凶悪化しているのか』平凡社新書
土井隆義　二〇〇三『〈非行少年〉の消滅』信山社
浜島幸司　二〇〇四a「現代の子どもの特性」武内清編著『基礎学力・教育改革等に関する教員の意見――小・中学校教員を対象にした全国調査から（研究報告No.64）』、（財）中央教育研究所
――　二〇〇四b「青年の規範意識について」高橋勇悦編『都市的ライフスタイルの浸透と青年文化の変容に関する社会学的分析』科研費研究成果報告書
波頭亮　二〇〇三『若者のリアル』日本実業出版
広田照幸　二〇〇〇『教育言説の歴史社会学』名古屋大学出版会
木村好美　二〇〇三「高校生と高校教師の規範意識――教師・生徒の意識のずれ」、友枝敏雄・鈴木譲編著、『現代高校生の規範意識』、九州大学出版会
清永賢二　一九九九「現代少年非行の世界――空洞の世代の誕生」清永賢二編著『少年非行の世界――空洞の世代の誕生』有斐閣
小谷敏　一九九八『若者たちの変貌』世界思想社
小杉礼子　二〇〇三『フリーターという生き方』勁草書房

長山靖生　二〇〇三『若者はなぜ「決められない」か』ちくま新書
町沢静夫　一九九九『自己中心が子どもを壊す』日本経済新聞社
前田雅英　二〇〇〇『少年犯罪──統計からみたその実像』東京大学出版会
──　二〇〇三『日本の治安は再生できるか』ちくま新書
Merton, R. K. 1957, *Social Theory and Social Structure*＝一九六一　森東吾・森好夫・金沢実・中島竜太郎訳、『社会理論と社会構造』みすず書房
三浦　展　二〇〇四『ファスト風土化する日本』洋泉社新書
──　二〇〇五『仕事をしなければ、自分はみつからない。──フリーター世代の生きる道』晶文社
仲尾唯治　一九九八「若者と規範意識」安藤喜久雄編著『若者のライフスタイル』学文社
NHK放送文化研究所編著　二〇〇三『NHK中学生・高校生の生活と意識調査──楽しい今と不確かな未来』日本放送出版協会
荷宮和子　二〇〇三『若者はなぜ怒らなくなったのか』中公新書ラクレ
大野晋・上野健爾　二〇〇一『学力があぶない』岩波新書
パオロ・マッツァリーノ　二〇〇四『反社会学講座』イースト・プレス
千石　保　二〇〇一『新エゴイズムの若者たち』PHP新書
武内清編著　二〇〇四『12大学・学生調査』二〇〇三年度上智大学・学内共同研究報告書
戸瀬信之・西村和雄　二〇〇一『大学生の学力を診断する』岩波新書
轟　亮　二〇〇〇「職業観と学校生活感──若者の「まじめ」は崩壊したか」尾嶋史章編著『現代高校生の計量社会学──進路・生活・世代』ミネルヴァ書房
渡部　真　二〇〇二『ユースカルチャーの現在──日本の青少年を考えるための28章』医学書院
吉野耕作　一九九七『文化ナショナリズムの社会学』名古屋大学出版会

ゾマホン・ルフィン　一九九九『ゾマホンのほん』河出書房新社
――――二〇〇一『ゾマホン、大いに泣く』河出書房新社

コラム　信頼性係数（クロンバックのα）について

ある大学で入学試験があったとする。受験科目は、国語・数学・英語の三つで、それぞれ一〇〇点満点の試験であり、合格ラインは二四〇点であった。すると、私たちは受験三科目を合計した総合得点をもとにして合否が決まるものだと理解する。

ここで少し考えて欲しい。なぜ、科目名称の異なる三科目の点数を足すことを認めているのだろうか。学習分野も、出題形式も異なるにもかかわらず、試験の総合得点を算出して、果てはその結果に一喜一憂してしまうのは、どうしてだろうか。

三科目が合計可能な理由には二つ考えられる。一つ目は、各科目とも「点」という単位であり、それぞれ〇から一〇〇点の範囲と統一されているからである。当たり前のようだが、私たちはkgとcmを合計するようなことは普通しない。できないことも知っている。二つ目は、この三科目とも、受験者の力量（ここでは「学力」となる）を代表しているものと、私たちが認めているからである。三科目の合計得点が高いほど、受験者の力量が高いと思っている。だからこそ、受験者の得点は、〇から三〇〇点の間に配置され、何らかの評価が下される。どのような種類の解答であれ、一点という単位が受験者の学力を示していることになっているからだ。

つまり、得点を点数として足し上げるのには共通の単位が必要であるだけではなく、足し上げる予定の点数に共通の要素が認められなければならない。しかし、入試科目のようにわかりやすいものばかりではない。そこで、これから足し上げようとする点数（アンケートの場合は回答項目となる）間に共通の要素があるのかどうか、それを知るためのものが（難しくいえば、項目間に内的整合性があるかどうか）、**信頼性係数（クロンバックのα）**といわれるものである。回答をもとに特別な計算式を使用する。析出された数値をみてから、回答項目を足し上げても大丈夫かどうかを判断する。

図表6-8　道徳・規範意識の構成イメージ

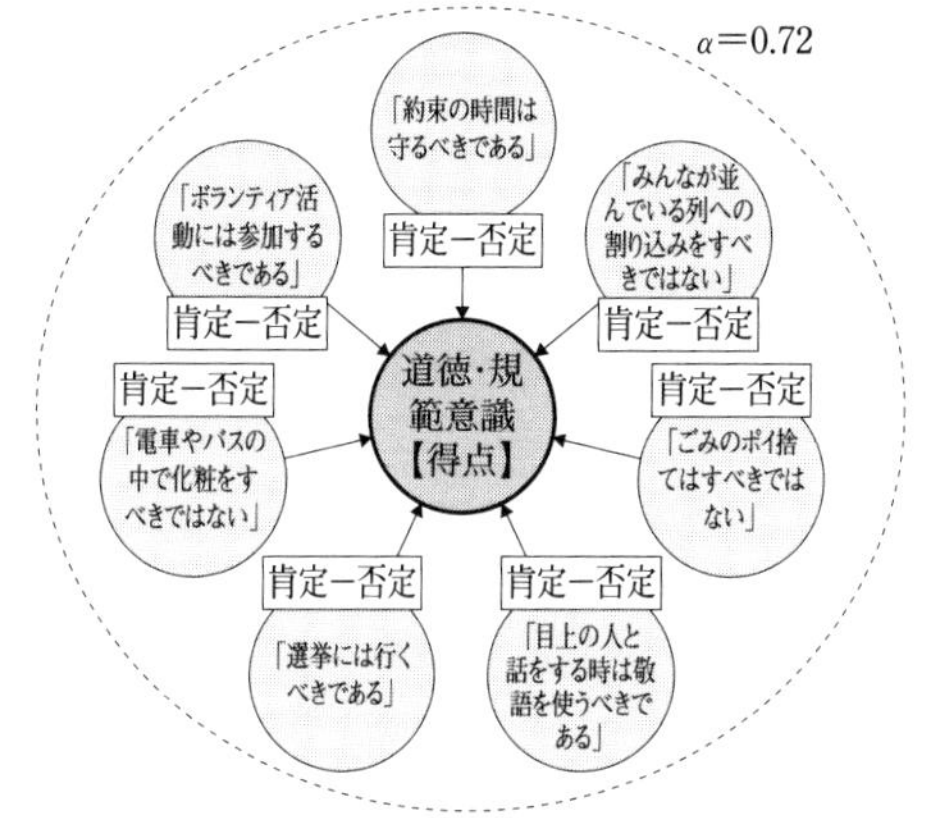

実際に、図表6-2で使用した項目は、別個にそれぞれ具体的な場面についての賛否を尋ねたものである。本章では、これらの回答項目を得点化し、足し上げたものを「道徳・規範意識」と命名、新たな変数を作成した。クロンバックのαの数値を参考にして、共通する項目では、肯定的回答が一つ上がると、「道徳・規範意識」が高くなるとした（図表6-8がイメージ）。

とりあえずわかって欲しいのは、αの値は○〜一に収まり、この値が一に近いほど共通の要素が高いことを示す。分野によって異なるが、社会学では一般に○・七以上あれば、項目間の共通性があるとみなしてもよいとされている。ここでも計算方法や詳細な説明は、専門書の解説に譲ることにしよう。

文献

Bohrnstedt, George, W. and Knoke, David, 1988, *Statistics For Social Data Analysis.* (2nd Edition), F. E. Peacock Publisher, Inc. ＝一九九〇　海野道郎・中村隆監訳、『社会統計学』ハーベスト社

岩淵千明編著　一九九七　『あなたもできるデータの処理と解析』福村出版

第七章　若者の現在

浅野智彦

1　変わらないもの、変わるもの

ここまでの各章を通して私たちが行ってきたのは、調査データを用いて今日の若者の現状を多面的に描き出すことであった。すなわち音楽生活、メディア利用、友人関係、アイデンティティ、規範意識という複数の角度から、今日の若者がどのように行動しどのような意識を持っているのかについてデータを読み解きながら検討してきたわけだ。最終章となる本章では前章までの多面的な分析をふまえ、それらを貫くある軸に光を当てることによって、若者の現状について要約的な像を描き出してみたい。その軸としてここで注目したいのは、友人関係とアイデンティティである。

だがその話に入る前に次の二つの点に注意を促しておきたい。

一つは、データから見る限り若者の意識と行動には、よい意味でも悪い意味でもあまり変わっていない部分も多いということだ。例えばこの一〇年の間〈若者の友人関係が希薄化した〉あるいは〈若者の引きこもり傾向や孤立化が進んだ〉といった指摘が繰り返しなされてきたが、私たちの調査結果からはそのような変化が起こったとは言えない。実際、図表7-1から読み取られるのは、「友だちといるより、ひとりでいる方が気持ちが落ち着く」あるいは「友だちとの関係はあっさりしていて、お互いに深入りしない」と回答している若者の比率がこの一〇年間で増えも減りもしていないということだ。また規範意識や道徳意識についても、厳密にはその変化を見ることができないとはいえ、メディアで喧伝されるほど低いようには見えないというのが六章で確認されたことであった。社会学者橋元良明はある論文の中で若者の自己意識がたかだか二〇年程度でそうドラスティックに変化するということ自体議論の余地があると指摘しているのだが（橋元 2003:51）、自己意識に限らずこのような見方が妥当であるような側面は少なくないだろう。したがって、変化をあまりにも過大に評価してしまうと現実を捉え損なってしまう可能性があるという点にまずは注意を払っておくべきである。

その点に留意した上で、だからといって「若者は昔と同じなのだ」と言いたいわけではないというのがここで注意を促しておきたいもうひとつの点である。例えば広田照幸は、少年犯罪の統計データとメディアでの語り方を分析し、変わったのはむしろ大人の視線ではないかと指摘している

図表 7-1　友人関係のあり方

質問分（2002年）	1992年 有効%	2002年 有効%	増減	ソマーズのD係数	検定結果
友だちといるより、ひとりでいるほうが気持ちが落ち着く	44.0	46.0	2.0	−0.018	n. s.　違いなし
友だちとの関係はあっさりしていて、お互いに深入りしない	44.7	46.3	1.6	−0.025	n. s.　違いなし

（広田 2000）。この指摘は正しいしまた重要でもあるのだが、あまりにもこれを強調しすぎるのは危険であるように思われる。というのもそれは、〈有史以来大人はつねに「最近の若者は……」と愚痴をこぼしてきたのだ〉などという空疎な一般論へ落ち着きかねないからだ。

むしろいくつかのデータを見れば変わった点も多いことを率直に認めてよいと私たちは考える。ただ変化しているその方向が人々によってそうであると信じられているようなものとは異なっている可能性があることに注意すべきなのである。例えば先に友人関係は希薄化しているとは言えないと指摘したが、だからといってそれが変化していないわけではない。以下でみるように変化は起こっているが、その方向性は、希薄化というよりも逆にある種の濃密化であると考えた方がよいように思われるのである。

2　友人関係——多チャンネル化・状況志向・繊細さ

以上のことに注意しながら、友人関係とアイデンティティのあり方を軸に若者の現在を描き出してみたい。まず友人関係であるが、結論から言えば、若者の友人関係は多チャンネル化し、状況志向を強めながらその内部で独特の繊細な感受性を育んでいるように思われる。順番に説明していこう。

2-1　多チャンネル化

第一に指摘しておきたいのは友人関係の多チャンネル化とでも言うべき事態である。すなわち友人関係を取り結びあるいはそれを維持するためのチャンネルが相対的に多様化してきているのではないかということだ。友人数を尋ねられると、かつては考えられなかったような大きな数字をあげる若者が増えてきているという指摘はこれまでもなされてきたが、そのような量的な意味で友人が増大しているだけではなく、友人をつなぐチャンネルが多元化しているという意味で質的な多様化も進んでいるのではないか。

私たちの調査では「親友や仲のよい友だちと知り合った場所」を尋ねている。回答方法が一九九二年と異なっているので単純に比較はできないのだが、注目しておきたいのは「アルバイト先で」と回答している人の多さと、「インターネットや携帯電話のサイトで」と回答している人が（多いとはまでは言えないが）一定の数で存在していることだ。

まずバイトについて。私たちの調査データからは変化を見ることができないので、内閣府が定期的に行っている国際比較調査を参照してみると、「友人を得たきっかけ」として「職場で（アルバイト先を含む）」と答えている人が、ややぶれが見られるものの、増加傾向にある。これは、九〇年代後半以降、教育社会学者が指摘してきたいわゆる「パートタイム高校生」（学業よりもバイトを優先する高校生）の増大と軌を一にするものであり（耳塚 2001）、また高校生の生活構造が必ずしも学校を中心にしたものではなくなってきているという指摘とも合致するものだ（轟 2001）。このことは、生活空間の地図の中でバイト先のもつ重みが家庭や学校と並んで増してきたということを示唆しているだろう。

次にインターネットおよび携帯電話について。私たちの調査では対象者の四・六％が「知り合った場所」として「インターネットや携帯電話のサイト」をあげており、また「インターネットや携帯電話で知り合った相手と友達づきあいをしている」と答えた人は一一・九％、そのような相手に「直接あったことがある」と答えた人は一五・二％にのぼっている。前回調査と（当然のことながらこの選択肢自体がなかったこともあって）比較ができず、したがって増えたとも減ったとも言えないのだが、他の諸調査の結果をあわせて参照してみると（モバイルコミュニケーション研究会や東京都生活文化局、社会情報研究所、辻大介 2004 等々）、インターネットや携帯電話が新たな友人関係を作り出し維持するためのツールとしてそれなりの重要性をもっていることが見て取られる。(1)

バイトもインターネット・携帯も、これまで友人関係の基盤となってきた学校・地域社会という場所に加えて新しいチャンネルを開くものである。第三章で指摘されていたように、インターネット上で知り合った相手と友達づきあいしている人たちは相対的に多くの友人をもっているのだが、このことは友人数の増加がチャンネルの増加と関連していることを意味していよう。(2) しかし、親や教師といった大人の側からするとこの新しいチャンネルは必ずしも目の届きやすいものではないため、このようなチャンネルの追加はあまり意識されない。おそらく若者たちの友人関係は大人の側が思っているよりもずっと多元的な広がりを持つようになっており、そのことは例えば第五章で参照されたような衝撃的なできごと（長崎女児殺害事件）が起こってはじめて意識に上ることになるのである。

2―2 状況志向

第二に指摘しておきたいのは、友人とのつき合い方が状況志向的になっているということだ。状況志向というのは、一九九二年の調査結果から読み取られた友人との独特のつき合い方で、状況や関係に応じた顔の使い分けとそれぞれの関係へのそれなりの熱心な没入によって特徴づけられる。つまり複数の顔を使い分けるが、それでいてどの顔も単なる仮面というよりはそれなりに本気であるというような態度の取り方を指すものだ。

二〇〇二年の調査では、より単純な形でこの傾向を見るために、新たに「遊ぶ内容によって一緒に遊ぶ友だちを使い分けている」という質問項目を追加した。これは、社会学者・辻大介が、若者の友人関係の切り替えと使い分けを見るために用いた質問文で、辻はそのような切り替えを頻繁に行う傾向を「対人フリッパー志向」と呼んでいる。そのことを踏まえた上で図表7―2を見てほしい。この一〇年間ことあるごとに喧伝されてきた関係の希薄化を示唆する項目については増大が見いだせないのは先に見た通りなのだが、それ以上に注目に値するのはこの「使い分け」を行っている者の多さだ。これもまた二時点間比較ができないのだが、少なくとも一九九二年において見いだされた傾向は現在も継続していること、それも喧伝されてきた希薄化傾向などよりもずっと多くの人に見られること、この点をあらためて確認しておきたい。

状況志向は先に見た多チャンネル化と密接な関連をもっている。というのも友人関係を作り出し維持するためのチャンネルが増えるということは、それら諸関係をうまくやっていく際に踏まえるべき前提や文脈もまた増えることを意味している。ある関係で踏まえるべき文脈が別の関係でのそれと異なっているという経験が繰り返されるなら、やがて複数の関係間の切り替えが意識されるだろうし、その切り替えが場合によってはコミュニケーションの重要なスキルと感じられることにさえなるだろう。

図表 7-2　友人関係の変化

質問文	有効%
友だちといるより、ひとりでいるほうが気持ちが落ち着く	46.0
友だちとの関係はあっさりしていて、お互いに深入りしない	46.3
遊ぶ内容によって一緒に遊ぶ友だちを使い分けている	65.9

もちろんある種の「使い分け」は、以前からあった。例えば、会社にいるときの私と古い友人といるときの私、家庭での私と趣味のサークルでの私、等々の「使い分け」は中高年世代においても取り立ててめずらしいことではない。それどころか、所属する集団の数が年齢とともに多くなるであろうことを考えると、中高年においてこそそのような「使い分け」が重要になるとも言える。しかしこの場合の使い分けは相互に了解されたものであり、いわばルールとして共有されたものだ。それゆえその使い分けは使い分けている者の間で互いに可視的

であり、意外性を持たない。それに対してここで言う状況志向の場合、使い分けは相互に共有できるような形でルール化されてはおらず、それゆえその使い分けが明らかになったときには多少なりとも驚き（ときには気まずさ）が感じられることになる。別の角度から言うと、問題は、どの関係においてもただ一つのルールに従おうとする一貫した「自己」が存在するか否かという点にあるのだが、これについては次節で扱うことにしよう。

このような傾向にとってインターネットや携帯電話というツールは実に好都合であることもここであわせて指摘しておきたい。私たちの調査からその点について明らかにすることは難しいのだが、例えばシェリー・タークルやアルケーヌ・ロザンヌストーンらのケーススタディが示唆しているのは、インターネットを介したコミュニケーションが複数の顔の使い分け（ある意味での多重人格化）を助長し、その維持を容易にするだろうということだ（Turkle 1995＝1998, Stone 1995＝1999）。実際、複数のウェブ日記やブログを持つものは若いネットユーザの中には珍しくない。

このような技術にも支えられつつ、それぞれの関係に応じて自分自身をチューニングし、最もフィットしたつき合い方をごく自然に使い分けるような友人関係のあり方が広く共有されつつあるのではないか。状況志向というのはこのような事態を指すものである。

2-3　繊細さ

第三に、私たちの調査データから直接的に読み取られるものではないけれども、若者が友人関係においてみせている独特の繊細さに注意を向けておきたい。というのも状況志向の友人関係の中で、若者は、相手への関係の持ち方についてこれまでとは異なったセンスを養わざるを得ないと思われるからだ。すなわち、そのような友人関係をうまくマネージメントし、関係を維持していくためには、今おかれている関係がどのようなものであるのか、そこで共有されている情報は何なのか、そこで前提となっている文脈はどのようなものであるのか等々といったことをたえず慎重に見きわめていかなければならない。若者がよく口にする「空気読め」「地雷踏んだ」といった言い回しは、その関係の中で言ってよいこと悪いこと、言うまでもないこと、あるいは言えば無粋になること等々を見抜くための研ぎ澄まされた感覚の反映であるように思えるのだが、それは上で見てきたような状況志向の関係を生き抜く中で培われてきたものであろう。

よく〈最近の若者は傷つきやすくなった、ひ弱だ〉という言い方を耳にするが、それは若者たちがこのような意味で人間関係に対して敏感で繊細だということなのかもしれない。それどころか、若者の側から見れば、大人たちのふるまいこそ、がさつで野蛮で洗練されていないものとみえるかもしれないのである。

この繊細さは、同時に関係それ自体を楽しむ資質を高めているようにも思われる。例えば、NHK放送文化研究所の中学生・高校生調査によれば、彼らにとって関心があるものの最上位に「友だち付き合い」が上がってくる。もちろん「友だち付き合い」に高い関心を持つというのは、それが悩みの種であるからだという可能性もある。しかし、例えば内閣府（旧総務庁）の青少年調査をみ

図表 7-3 「あなたは、どんなときに充実していると感じますか」

（%）（内閣府政策統括官編　2004）

	1983 年	1988 年	1993 年	1998 年	2003 年
家族といるとき	20.0	21.3	23.5	26.2	27.4
友人や仲間といるとき	59.2	62.0	70.8	74.0	72.5
他人にわずらわされず、一人でいるとき	13.1	13.7	17.3	17.1	13.8

＊　複数回答方式なので、総和が 100% にならない

てみると、「あなたは、どんなときに充実していると感じますか」と尋ねられて、「友人といっしょにいるとき」と答える若者が著しく増大してきているのである（内閣府政策統括官 2004、図表7−3）。ここからは友人関係それ自体を喜びや楽しみとして享受する若者たちの姿が浮かび上がってくる。実際、携帯電話についての各種調査の結果をみると若者が頻繁にやりとりしているメイルのきわめて多くは、普段から会っている友人に対する、他愛のない内容のものであることが分かる（社会情報研究所 2001）。そこで求められているのは、特定の意味内容を伝達することと（あるいはそれによって何かを達成すること）ではなく、関係を濃密にすることとそれ自体、つながりを感じる強度そのものである。ここには関係それ自体の喜びと楽しみを追求する態度、「つながりの社会性」（北田 2004）とでも呼ぶべき態度が見て取れる。

このような態度は、ある状況下では独特のやさしさとなって現れる。例えば精神科医の大平健は、一九九四年に出版された『やさしさの精神病理』という本の中で、新しいタイプのやさしさが若者の間に広がりつつあるのではないかと述べ、彼のある「患者」の言葉を次のように引用している。

「やさしい暖かい沈黙。お母さんのように直接に人の気持を尋ねるのも、大人たちのように間接的に人の気持を探ろうとするのも、どちらも私たちにとってはヤサシク・ナイ。言語はヤサシサの邪魔になるんです。お互いの気持には立ち入らないで、お天気の話とかテレビ番組の話とか旅行の話とかを喋って仲良くしているのがヤサシイと思う。だけど、一緒に音楽聴いたり、ファミコンやったり、マンガ読んでいるのはもっとヤサシイ。何も喋らないで一緒にいて、何かやっている。これが私の言うヤサシイ暖かい沈黙」（大平 1994：158）

この「ヤサシサ」は一緒にいること自体を喜びとして味わうようなそれであり、上で見た「つながりの社会性」の一つのバリエーションであると見ることができる。実はこの「患者」はアメリカ人女性なのだが、大平はこの事例をあげることで、新しいやさしさに関しては世代の壁より国境の壁の方が低いのではないかと示唆している(3)。

もちろん「つながりの社会性」あるいは新しいやさしさを手放しで喜ぶことはできない。少し考えてみただけでもこのやさしさについては次に上げるような「欠点」が思い浮かぶ。

第一に、それは時として容易に厳しい排除に反転するであろう。つながりそれ自体が求められているのだから、つながりを断たれることは以前よりもはるかにつらい事態だろうし、しかもそのつながりがきわめて繊細なセンスと作法によって維持されているとすると、これまた以前に比べて敷居の高いものとなっていると言わざるを得ない。

したがって第二に、排除されずにつながり続けていたとしても、それを維持することはある若者たちにとってはたいへんに荷の重い仕事となるだろう。例えば土井隆義は、若者の友人関係への過剰な配慮が、彼らを苦しめているのではないかと指摘している（土井 2003）。

第三に、このような関係への（過剰な）敏感さは、同時にある種の鈍感さと裏表である。「仲間以外はみな風景」（宮台真司）という言葉が象徴するように、敏感さはもっぱら仲間集団の内側にのみ向けられるものであり、その外にいる人々に対しては驚くほど冷淡で無関心な態度をとることがありえる、ということだ。またこの「仲間」の範囲も、関係が多元化しているというわりには、意外に狭く、同質的なのではないか、という指摘も最近ではなされている（辻 泉 2004）。

第四に、それはネオリベラリズム的な資本の再編成に適応するためのスキルに過ぎないのではないかという疑義がありえる。すなわち、労働力の流動化が急激に推し進められている今日、状況に応じて関係の取り方を変えるスキルは労働市場において必須のものとなってきており（森 2000、Sennett 1998）、友人関係はそのための練習材料になっているのではないかというわけだ。実際、最近では対人関係能力の格差がニート問題と関連しているという指摘もなされている（本田 2005）。

これらいくつかの危惧すべき点には注意を払わなければならないとしても、しかし、だからといってその肯定的な側面も一緒に捨て去ってしまうのはあまりにも乱暴なやり方ではないだろうか。そもそもこのような敏感さとそれにもとづく社交スキルは、若者たちが好きで選んだものというよりは、与えられた状況を生き抜くために彼らが身につけざるをえなかったものというべきであろう。(4)それを否定したとして、大人としてはそれにかわるどのような代替案を提示できるというのだろうか。むしろその繊細さをより肯定的な方向へ展開しうるように支援することの方がはるかに実り多くはないだろうか。例えば、三浦展は、若者の価値観やライフスタイルに批判的な目を向けつつも、彼らのコミュニケーションに対する独自のこだわりに活路を見出している（三浦 2001, 2004）。現状への批判的肯定とでも言うべきそのようなかかわり合いこそが必要とされていると私たちは考える。

3　自己――自分らしさ志向・多元化・開かれた自己準拠

「自己」は、単独で自己完結的に存在しているものではなく、いつでも他者との関係の中で生み出され、維持・変容していくものだ。とすると、上でみたような友人関係の変化は、自己のあり方の変化とも連動していると考えられる。そのような変化をここでは、「自分らしさ志向」、「自己の多元化」、「開かれた自己準拠」の三つに整理してみたい。以下、順番に説明していく。

3-1　自分らしさ志向

第一に指摘しておきたいのは、自分らしさ志向の広がりだ。

第五章で触れられていたように、今日の社会には若者たちに対する「自分らしくあれ」というメッセージがあふれかえっている。もともとそれは消費の領域で使われ始めたメッセージなのだが、今では学校教育の現場やさらには仕事選びの場面にまで浸透してきている。例えば長山靖生はこう指摘する。若者がしばしば典型雇用（正社員になること）をためらい、フリーターを選びがちであるのも、仕事を選ぶ際にあまりに「自分らしさ」に拘泥しすぎるためではないか、と（長山 2004）。これも「自分らしさ」圧力の高まりと広まりを前提にした分析であろう。

ではこのことについて私たちの調査結果からはどのようなことが言えるだろうか。

第一に「自分には自分らしさがある」と思う人の割合は、第五章で触れられているようにこの一〇年間で小幅ながら減少している。しかし第二に、「自分らしさがある」と思う度合いと「自分を好き」である度合いとの関連性をみると、こちらは一〇年の間にやや上昇していることがわかる（図表7-4）。つまり、これだけ「自分らしくあれ」というメッセージにさらされ続けていながらも、実際に「自分らしさがある」と思える若者は減少しており、その一方で「自分らしさ」があると感じられる若者たちは自分自身を以前よりも強く肯定することができるようになっているのである。

これを、こう解釈することもできるかもしれない。得がたい「自分らしさ」だからこそ、それを得た若者は自分を積極的に評価することができるのだ、と。

振り返ってみれば、一九九〇年代以降、社会制度やライフコースのあり方は急激に流動化してきた。それにともなって人生の重要な岐路においてこれまで指針となってきた諸々の基準がその有効性を失い、若者はそれに代わる基準を自らの手で調達しなければならなくなった。「自分らしさ」

というのはそのような新しい基準の一つとして多くの若者が選びとったものであると考えられる。社会学者アンソニー・ギデンズによると、現代社会の特徴は、個々人が自分自身のアイデンティティをたえず問い直し、作り変えていくように要求される点にあるのだという（Giddens 1991＝2005）。また同じく社会学者ウルリッヒ・ベックは、今日の先進諸社会においてはますます多くの事柄が（したがってますます多くのリスクが）階級や地域といった集団の単位ではなく、個々人の単位で処理されるようになってきていると指摘している（Beck 1986＝1998）。「自分らしさ」をもって社会の流動性に対処しようとする戦略は、まさにこのような特徴に符合するものであると言える。

図表 7-4　自分らしさと自己肯定感の相関関係

（スピアマンのロー）

	あなたは、今の自分が好きですか。それとも嫌いですか。	
	1992 年	2002 年
自分には自分らしさというものがあると思う	0.260　＊＊	0.346　＊＊

＊＊p＜.01

もちろんこれはあくまでも戦略の一つであり、それを選ばない者も一定数いるだろう。すなわち、「個性を煽られる」（土井 2004）若者がいる一方で、「自分らしさ」ゲームにそもそも乗らない若者もいるということだ。例えば、日本労働政策研究・研修機構のフリーター研究において「刹那を生きる」型と名付けられたタイプの若者たち（小杉編 2005）、あるいは宮台真司が見出した内面や歴史意識が極端に希薄な（ようにみえる）若者たち（宮台・藤井・中森 1997：46）などがそれに当たるかもしれない。これらの若者には「自分らしさ」への拘泥はあまり見られず、したがっておそらく人生において重要な選択に直面しても「自分らしさ」

を基準にとることはあまりないだろうと推測される。

以上のことに注意を払いつつも、しかし、「自分らしさ」戦略が多くの若者によって採用されていること、それゆえに「自分らしさ」を探し求めるべきであるという圧力に彼らが恒常的にさらされていること、このことは確認しておく必要がある。

ところで彼らは、どのようにして自分らしさを得ようとしているのだろうか。

この問いに対するヒントを私たちの調査結果のうちに求めるとすると、例えば第二章で分析された音楽生活の中にそれを見出すことができる。南田の分析によれば音楽へのコミットメントが強いほど、自分らしさがあると感じる度合いが強いのだという。すなわち、音楽への強く深い関わりが、そうでなければ茫漠としたイメージにすぎない「自分らしさ」にはっきりとした輪郭を与えているのではないかと推測されるのである。南田はまたコミットメントの強いものにとって音楽は細分化されてはいても平準化はされていないということを明らかにしている。これは、強く深い関わりが、選択の手がかりを与えるだろうということを意味している。なぜなら彼らにとっては少なくともよい音楽とそうでない音楽とを区別することが意味を持っているのだから。

考えてみると、このようなコミットメントは何も音楽に限られるものではあるまい。ファッション、車、映画、文学、マンガ、アニメ等々、なんであれそこに強く深い関わりがあるなら「自分らしさ」はある輪郭を獲得しうる。大切なのはおそらく対象ではなく関わりの強さと深さなのである。

3-2　多元化

第二に指摘したいのは、自己が単一のあるいは一貫したものではなくなりつつあるということだ。これを自己の多元化とよんでおく。私たちの調査においてこのことを最もよく示しているのは、第五章で見たように「どんな場面でも自分らしさを貫くことがたいせつ」だと思うと答えた若者が目立って減っているという事実だろう。すなわち、場面によって異なる「自分」を見せることに対する規範的な制約や心理的な抵抗がこの一〇年の間に薄れてきたということである。

このような自己の多元化は、前節でみておいた友人関係の多チャンネル化や状況志向化と表裏一体の事態であると考えられる。というのも複数のチャンネルで維持されている関係はそれぞれ独自のふるまい方や作法を参加者に求めるのだが、それらが互いに整合している保証はないからだ。むしろ関係や状況によって求められるふるまい方は異なっていることの方が多いだろうし、その上、参加者はそれぞれの関係や状況に対して高度の敏感さを発揮するように求められている。ここからは、各場面には適切に対応しながらも全体としてみると、場面ごとに一貫しない「顔」を見せるというふるまい方が帰結するだろう。その都度の関係における文脈を察知する能力が高ければ高いほどこのような自己の多元化は現れやすくなるのである。

「どんな場面でも自分らしさを貫くことがたいせつ」であるという一種の規範意識の低下から推測されるのは、その都度の関係や状況への対応が、全体としては一貫性を持たなくなることに対して若者たちの許容度が上がったのではないかということだ。もう少し具体的に想像してみるなら、自分や他者のふるまい方に一貫性が欠けているという自覚を持っていないわけではないが、だからといってそれがただちに修正されるべきものであるとは感じられない、といったような状態である。(5)

しばしば若者が口にする「キャラ」という言葉の用い方もこの観点から理解することができるだろう。「キャラ」というのは、自分自身や他者がどのような人間であるか、その人格やその人らしさを表現するものであると同時に、特定の関係や文脈の中で与えられる役柄を表現するものでもある(北山 2000)。なぜならキャラをキャラたらしめているのはそれが埋め込まれている物語やシナリオであり、その物語は特定の関係や状況の中で読み取られるものであるからだ。したがって「キャラ」とは確固不変の「個性」や「アイデンティティ」を示すものではない。しかしだからといってそれは単に便宜上身につけられた仮面のごときものでもない。(6) なぜなら、その文脈に関するかぎりそのキャラはまさに自分らしい何かを表現するものであるからだ。強いて言えばそれは関係依存的・文脈依存的・状況依存的に成り立つ自分(らしさ)であり、その点で多元化した自己と対応するものであると考えられる。

またメディアとの関連にも注意を払っておく必要がある。例えば、精神科医の斎藤環は、多元化した自己の一つ一つの単位をモジュールと呼び、ネット心中で見知らぬ人どうしがいともたやすく一緒に死んでしまうなどといったことが起きるのは、彼らが自殺に向かおうとする特定のモジュールだけでつながりあっているからだ、と論じている。この斎藤の見立てが正しいかどうかについてはここでは判断できないが、インターネットを介したコミュニケーションが自己の多元化を促進する可能性があるという点は前節でも指摘した通りである。私たちの調査でも、インターネットの使用と「場面によって出てくる自分というものはちがう」という項目に対する回答との間には弱いものながら関連性がみられる。

ともあれ確認しておくべきは、自己というものが必ずしも一貫した同一的なものとしては捉えられなくなりつつあること、そしてそのことは誠実さや真摯さの欠如なのではなく、むしろ逆に一人ひとりの若者が自分達の属する様々な関係に対して誠実かつ真摯に対応してきた結果としてもたらされた事態であると理解し得ること、これである。

3-3　開かれた自己準拠

第三に、「開かれた自己準拠」とでもいうべきものの可能性を指摘しておきたい。

これについて説明するための前提として注意を促しておきたいのは、前の二つの節で指摘してきた「自分らしさ志向」と「多元化」とが必ずしもお互いになじみのよいものではないということだ。というのも、もし「自分らしさ」が特定のかつ単一のものとしてイメージされているなら（そしてそれはしばしばそのようにイメージされているのだが）、それが多元化するなどということはありえないし、逆に自己が多元化しているとするならそれは未だ「自分らしさ」を実現していない証拠だと考えられるだろうからだ。実際、私たちの調査結果からも、「どんな場面でも自分らしさを貫くべき」と答えた若者ほど「自分らしさ」があると答える傾向を読み取ることができる。つまり彼らは、自分らしさを追求すべきだと考えながら、他方ではそれを損なうような形で多元化を進めざるを得ないという板挟み状態に陥っているようなのである。

だがこのような苦境が生じるのは、「自分らしさ」を特定のかつ単一の「何か」として考えているためではないか。「オンリーワン」を求めようとする姿勢は、それが「かけがえのない」自分ではなく、「たった一つの」自分を求めるものであるときに板挟みの苦境を招く。逆に「かけがえのなさ」をそのような単一性から自由なものとして捉え返すなら、論理的には板挟みに陥ることなく「自分らしさ」を追求することができるだろう。図表7-5に示すように、「自分らしさがある」と答えながら「場面によって出てくる自分というものはちがう」という若者は、全体の七割弱に上っており、そのうちの八割弱が自分自身を好きであると回答しているのである。ここに多元的でありながら自分らしさを基準にとるようなスタイルの可能性が示されているように思われる。

このスタイル、すなわち自分らしさを基準としてものを考え、それでいて自分らしさを多元的であり得るものとして見る、そういう姿勢を「開かれた自己準拠」と呼んでみたい。そしてこのスタイルの中に、若者たちが今日の社会を生き延びていくために有用な手がかりを見出すことができるように思うのである。ここで言う「自分らしさ」というのは、先にも触れたように自分が強く深くコミットする何かを手がかりにして得られるようなものだ。音楽でもファッションでもゲームでもマンガでも（もちろん勉強でも）何でもよい。そのような「何か」に軸足をおくこと、そしてその軸足が複数であること、それが肝要な点だ。

図表 7-5　自分らしさの有無と多元性との関係

<table>
<tr><td colspan="3" rowspan="2"></td><td colspan="2">②場面によってでてくる自分というものは違う</td><td rowspan="2">合計</td></tr>
<tr><td>1. そう思う</td><td>4. そう思わない</td></tr>
<tr><td rowspan="4">①自分には自分らしさというものがあると思う</td><td rowspan="2">1. そう思う</td><td>人数</td><td>724</td><td>210</td><td>934</td></tr>
<tr><td>%</td><td>66.5</td><td>19.3</td><td>85.8</td></tr>
<tr><td rowspan="2">4. そう思わない</td><td>人数</td><td>129</td><td>25</td><td>154</td></tr>
<tr><td>%</td><td>11.9</td><td>2.3</td><td>14.2</td></tr>
<tr><td colspan="2" rowspan="2">合計</td><td>人数</td><td>853</td><td>235</td><td>1088</td></tr>
<tr><td>%</td><td>78.4</td><td>21.6</td><td>100.0</td></tr>
</table>

このようなスタイルには次のような二つの方向からの批判があり得る。一つは、自分らしさへのこだわりはしばしば独り善がりになってしまい、現実性を失いがちだというものだ。典型的には職業選択について、まるで「恋愛のように」仕事選びをしているために、いつまでも決められないのだという長山の批判や（長山 2004）、あるいは「夢」への過度のこだわりが結果的に職業選択の幅を狭め、フリーターやニートなどといった「使い捨て労働力」への道を歩んでしまうという山田の議論などがそれにあたる（山田 2004）。彼らの言うことももっともだ。自分らしさだけを基準として仕事探しがつねにうまくいくはずもないだろう。しかし、そうだとしても、いったい「自分らしさ」や「やりたいこと」を手がかりにする以外、どのようにして選択のための準拠点を確保できるのだろうか。また、独り善がりにならないために他者とのかかわり合いが必要だという主張を受け入れるとして（実際それはまったく正しい）、教育社会学者中西新太郎が指摘するように、そのような深い関わり合いは、自分自身の中で切実に感じられている何かへのコミットメントを手がかりとして作り出されていく

ものであるように思われる（中西 2004）。ジャーナリストの曲沼美恵が紹介しているある若者の言葉はこの事情をよく表現している。

「働こうとしない人って、どんな仕事がしたいかがわからないんじゃなくて、何をして遊びたいかがわかってないいんじゃないかな。……飯食いたいとか、車買いたいとか、海に行きたいとか、スノボやりたいとか、なんか欲求があったら、それをするためには仕事せんとできないでしょ。」（玄田・曲沼 2004:196）

このような「欲求」を手がかりにして、はじめて大人たちがいうような現実との折り合いや他者とのかかわり合いへ進んでいくことができるのではないだろうか。

もうひとつの批判は、多元化した自己は断片的であるがゆえに未熟で不完全であるというものだ。例えば、若者の自己の多元化を事実として認めたうえで、それを未熟な自我のあり方として否定的に捉える土井隆義の議論や、オンラインにおける多元的人格が最終的には同一性の確立にいたるものと期待するタークルの議論などがその典型である（土井 2003, Turkle 1995＝1998）。もちろんそのような捉え方にもそれなりの根拠があるだろう。特に、衝動的に行われるような犯罪などにおいてはこういった議論が説得力をもつケースも多々あるのかもしれない。また前項で触れたネット心中の場合も、斎藤環の言うように彼らが断片化したモジュールのみでつながっていたがために死に急いだのだとすると、これまた未熟で衝動的であると言わざるを得ない。

だがその一方で、まさにその心中募集の掲示板は自殺を思いとどまらせようとする匿名の「善意」に満ちあふれてもいる。渋井哲也が指摘するように、それは自殺を促進するよりもむしろそれを抑止する働きを担っているとさえ言える（渋井 2003）。そしてそのような善意の、しかも真剣な書き込みもまた、ひたすら自殺へと走っていく自己と同様、モジュール的な自己によってなされたものなのである。もしかするとそのような善意のモジュールは、それがオンラインコミュニケーションの中で引き出され、増幅されたとき、本人にとってさえ意外なものであったかもしれない(7)。

このような事情を考慮に入れるなら、断片的であることは、衝動的であったり思慮に欠けたりするということを即座には意味しない。また、未熟でも不完全でもないような多元性があり得るとすれば、それは自己を複数の軸足で支えることになるという意味では、むしろ強みにさえなるだろう。

4　終わりに

以上、本章では若者の現在について、友人関係と自己意識のあり方に焦点を合わせて、ごくおおざっぱな見取り図を描いてきた。言うまでもなくこの見取り図には、今後さらに実証的に探索し、解明しなければならない点が数多く含まれている。その意味でこれは完成度のきわめて低いものであると言ってよい。にもかかわらずあえてそれを提示したのは、若者論の名を借りた若者バッシングに対抗して、ポジティヴな可能性もネガティヴな可能性も共に視野におさめるという作業に最初の一歩を踏み出しておきたかったからだ。現状のどのような要素をどのような方向に伸ばしていくことがこの社会に生きる私たちみなの幸福につながるのか、そういう視点からなされる若者論を私たちは今後も丹念に進めていきたいと思う。本書はそのためのささやかな出発点となるものだ。

とりわけ注意しておくべきは、かつてあてにしていたさまざまな人生モデルが今日の若者にとっては利用できないものになっているということだ。本章で取り上げた友人関係や自己意識の変化は、ある世代以上の人々から見れば未熟化・幼稚化にみえるかもしれないが、その人たちが自明の前提としてあてにしてきたようなモデルはもはやうまく機能していないことにまずは思いをいたすべきである。このような現状に対して若者は彼らなりに真剣に立ち向かい、独自のスタイルを生み出しつつある。もしかすると彼らは大人たちが想像するよりもずっと困難な状況を生きているのかもしれないのである。そこを見ることなく、あたかもかつてのモデルが今も有効であるかのように若者を批判してもそれはあまり意味のあることとは言えまい。

おそらく本書のようなスタンスに対しては、若者を甘やかすものだとか、若者に迎合するものだとかいう批判が向けられるであろう。そのことを承知で言うのだが、理解することと許容することとは全く違う。若者のスタイルに対して厳しい批判が必要な場合があるのは当然のことだ。しかしその批判も、彼らに対する根底的な理解を背景としていなくては、おそらく届かない。真摯な批判は徹底した理解を要求するのである。

とはいえ、私たち執筆者がそのような徹底した理解に到達したなどと標榜するつもりはもとよりない。繰り返すが本書はささやかな出発点にすぎない。それは今後の調査研究によってたえず修正されるべきものである。だが今はこの出発点をさしあたりの足掛かりに次の仕事へと進んでいこうと思う。

註

（1）ただし内閣府の国際比較調査では携帯・ネットを「きっかけ」としてあげている人はずっと少ない。

（2）第三章で二方が分析したように多メディア利用者がいることもこれに拍車をかけるだろう。

（3）若者の「やさしさ」の歴史的変遷については、栗原彬の仕事を参照されたい（栗原 1996）。

（4）このような社交スキルが消費社会となじみのよいものであることはすでに何度も指摘されてきたことであり（例えば、山崎 1984）、この社会全体の変容について考慮しないまま若者のあり方だけを変えようとするのは無謀な試みである。

（5）心理学者松島恵介は、記憶はあるがその記憶のリアリティが失われているという独特の記憶様相を報告している（松島 2002）。ここで述べた一貫性の欠如の認識とその切実さの欠如という事態はこの記憶様相に対応しているものであるかもしれない。実際私たちの調査でも、「場面によって出てくる自分というものはちがう」という項目に対する回答と「自分の過去の経験が他人のことのように感じられる」という項目に対するそれとの間には微弱ながら正の相関が見出される。

（6）「キャラ」という言葉は言うまでもなくオタク系サブカルチャーと縁が深いのであるが、そこにおける自己の多元化は東浩紀によって早くから指摘されてきた（東 2001）。また、大塚英志が言うように、最近その分野でよく用いられる「属性」という言葉は、自他のパーソナリティをさらに細分化された単位においてとらえようとする志向性の表われと言えるだろう（大塚 2004）。

（7）匿名の善意が最もドラマティックに展開したケースとして『電車男』を思い起こしておくのもよいだろう。

文献

東　浩紀　二〇〇一『動物化するポストモダン』講談社

Beck, Ulrich, 1986, Risikogesellschaft, Suhrkamp ＝一九九八、東廉・伊藤美登里、『危険社会』法政大学出版局

土井隆義　二〇〇三『〈非行少年〉の消滅――個性神話と少年犯』信山社

――――　二〇〇四『個性を煽られる子どもたち』岩波書店

Giddens, Anthony, 1991, Modernity and Self-Identity, Stanford UP ＝二〇〇五　秋吉美郁・安藤太郎・筒井淳也訳、『モダニティと自己アイデンティティ―後期近代における自己と社会』ハーベスト社

玄田有史・曲沼美恵　二〇〇四『ニート』幻冬社

橋元良明　二〇〇三「若者の情報行動と対人関係」正村俊之編『情報化と文化変容』ミネルヴァ書房

広田照幸　二〇〇〇『教育言説の歴史社会学』名古屋大学出版会

本田由紀　二〇〇五「「学力格差」だけが問題ではない「対人能力格差」がニートを生む」、『中央公論』二〇〇五年四月号、中央公論新社

北田暁大　二〇〇四『嗤う日本のナショナリズム』、日本放送出版協会

北山由美　二〇〇〇「〈キャラクター〉のいる風景――自他の物語的理解と〈性格〉構成」、『教育社会学研究』二〇〇〇、第67集

小杉礼子編　二〇〇五『フリーターとニート』勁草書房

栗原　彬　一九九六『【増補・新版】やさしさの存在証明　若者と制度のインターフェイス』新曜社

松島恵介　二〇〇二　『記憶の持続　自己の持続』金子書房
耳塚寛明　二〇〇一　「懸念される社会の『階層化』とフリーター」、『望星』東海大学出版会
三浦　展　二〇〇一　『マイ・ホームレス・チャイルド』クラブハウス
―――　二〇〇四　『仕事をしなければ、自分は見つからない――フリーター世代の生きる道』晶文社
宮台真司・藤井良樹・中森明夫　一九九七　『新世紀のリアル』飛鳥新社
森　真一　二〇〇〇　『自己コントロールの檻』講談社
長山靖生　二〇〇四　「「決められない」という病理」、『GYROS』8号、勉誠出版
中西新太郎　二〇〇四　『若者たちに何が起こっているのか』花伝社
内閣府政策統括官　二〇〇四　『世界の青年との比較からみた日本の青年』
NHK放送文化研究所編　二〇〇三　『NHK　中学生・高校生の生活と意識調査――楽しい今と不確かな未来』NHK出版
大平　健　一九九五　『やさしさの精神病理』岩波新書
大塚英志　二〇〇四　『物語消滅論』角川書店
Sennett, Richard, 1998, The Corrosion Of Character, W. W. Norton.
渋井哲也　二〇〇四　『ネット心中』日本放送出版協会
轟　亮　二〇〇一　「職業観と学校生活感」尾嶋史章編著『現代高校生の計量社会学』ミネルヴァ書房
東京大学社会情報研究所　二〇〇一　『日本人の情報行動　二〇〇〇』東京大学社会情報研究所
辻　大介　二〇〇四　「若者における移動体通信メディアの利用と家族関係の変容」、『研究双書』133号、関西大学経済・政治研究所
辻　泉　二〇〇四　「ポピュラー文化の危機――ジャニーズ・ファンは〝遊べているのか〟」、宮台真司・鈴木弘輝編、『21世紀のリアリティ――社会学の挑戦』、ミネルヴァ書房
Stone, Allucquere Rosanne, 1995, The War Of Desire And Technology At The Close Of The Mechani-

cal Age, The MIT Press＝一九九九　半田智久・加藤久枝、『電子メディア時代の多重人格』新曜社
Turkle, Sherry, 1995, Life On The Screen, Brockman＝一九九八　日暮雅道、『接続された心』早川書房
山田昌弘　二〇〇四『希望格差社会』筑摩書房
山崎正和　一九八四『柔らかい個人主義の誕生　消費社会の美学』中央公論社

あとがき

浅野智彦

誰もが若者であった経験を持つがゆえに誰にとっても若者論は口を出しやすい、だがそれゆえにこそバイアスもかかりやすい、と前書きに書いた。このことは私たち社会学者についても当然あてはまる。具体的に言えば私（浅野）は一九六四年生まれで八〇年代に大学生活を送った、その意味では典型的な新人類世代であると言えるだろう。したがって私が現在の若者を語るとき、その理論枠組みはどうしてもこの世代的経験によっていくぶんかの影響を受けてしまう。

このような世代経験に由来する偏りを相対化する最も効果的な方法は異なる世代の研究者と議論をしながら一緒に研究を進めることだ。青少年研究にとって共同研究というスタイルが重要であるのは、おそらくこのことと関係している。

本書もまたそのような共同研究の産物である。私たち執筆者は青少年研究会という研究者集団に属し、その中で若者調査を進めてきた。この研究会は、社会学、教育社会学、社会教育などの諸分野に携わる研究者によって構成され、一九八〇年代以来息長く活動を続けてきた。本書もその活動の成果の一つである。

私自身の遅筆のために他の執筆者にはだいぶ迷惑をかけてしまったが、逆に若い執筆者からの刺激を得て何とか出版にまでたどりついた。これもまた異世代の研究者と共同研究することのメリットかもしれない（もちろん他方から見ればデメリットとなるのかもしれないが）。

最後に謝辞を。一人ひとりお名前をあげることはできないが、研究会をベースとして調査研究を進める上で多くの方々に助けられた。とりわけ一九九二年、二〇〇二年の調査に回答して頂いたみなさん。また、二〇〇三年の日本社会学会で本書の前身となる報告を行なった際に、有益で適切なコメントを下さった小谷敏さん、新井克弥さん、伊奈正人さん。そして企画段階から相談に乗って頂き、辛抱強く原稿を待って頂いた上に、細部にいたるまで気を配って編集して頂いた松野菜穂子さんに。どうもありがとうございました。

二〇〇五年一二月

執筆者紹介

浅野　智彦（あさの　ともひこ）

1964年生まれ／東京大学大学院社会学研究科博士課程単位取得退学

現　在　東京学芸大学教育学部社会学教員

専門領域　自己物語論、若者文化論

主　著　『自己への物語論的接近』（勁草書房、2001年）、『脱アイデンティティ』（共著、勁草書房、2005年）

南田　勝也（みなみだ　かつや）

1967年生まれ／関西大学大学院社会学研究科博士課程修了　博士（社会学）

現　在　神戸山手大学人文学部助教授

専門領域　音楽社会学、情報メディア論、現代社会論

主　著　『ロックミュージックの社会学』（青弓社、2001年）、『社会文化理論ガイドブック』（共著、ナカニシヤ出版、2005年）

二方　龍紀（ふたかた　りき）

1976年生まれ／上智大学大学院文学研究科社会学専攻博士後期課程在学中

現　在　八王子市立看護専門学校非常勤講師

専門領域　メディア・コミュニケーション論、ライフスタイル論

主論文　「生活構造」『現代日本における生活構想の展開に関する社会学的分析』（科学研究費補助金研究成果報告書：研究代表者・藤村正之、武蔵大学社会学部、2001年）、「メディアと青年」『都市的ライフスタイルの浸透と青年文化の変容に関する社会学的分析』（科学研究費補助金研究成果報告書：研究代表者・高橋勇悦、大妻女子大学人間関係学部、2004年）

福重　清（ふくしげ　きよし）

1969年生まれ／東京都立大学大学院社会科学研究科社会学専攻博士課程在学中

現　在　東京学芸大学・日本医科大学看護専門学校非常勤講師

専門領域　臨床社会学、コミュニケーション論、対人関係をめぐる諸問題に関する研究

主論文　「社会問題研究におけるポストモダン派社会構成主義の可能性」『ソシオロゴス』23号（ソシオロゴス編集委員会、1999年）、「セルフヘルプ・グループの物語論的効果再考――「回復」することの曖昧さをめぐって」『現代社会理論研究』14号（現代社会理論研究会、2004年）

執筆者紹介

岩田　考（いわた　こう）

1968年生まれ／東京学芸大学大学院連合学校教育学研究科学校教育学専攻博士課程在学中

現　在　桃山学院大学社会学部助教授

専門領域　教育社会学、労働社会学、社会階層論、社会意識論

主　著　『図解社会学のことが面白いほどわかる本』（共著、中経出版、2002年）、『若者たちのコミュニケーション・サバイバル――親密さのゆくえ』（共編著、恒星社厚生閣）

浜島　幸司（はまじま　こうじ）

1973年生まれ／上智大学大学院文学研究科社会学専攻博士課程在学中

現　在　玉川大学・放送大学・武蔵野大学非常勤講師。労働政策研究・研修機構アシスタントフェロー

専門領域　社会階層論、職業社会学、学歴社会論、生徒・学生文化研究

主論文　「高校生の進路分化を規定する要因――全国公立高校調査（1999年）から」『Sociology Today』第12号（お茶の水社会学研究会、2002年）、「大学生活満足度」『キャンパスライフの今』（武内清編、玉川大学出版部、2003年）

索　引

ア　行

カ　行

サ　行

タ　行

ナ　行

ハ　行

マ　行

ヤ　行

ラ　行

ワ　行

検証・若者の変貌　失われた10年の後に

2006年2月15日　第1版第1刷発行
2006年4月15日　第1版第2刷発行

編　者　浅　野　智　彦
発行者　井　村　寿　人

発行所　株式会社　勁《けい》　草《そう》　書　房

112-0005　東京都文京区水道2-1-1　振替　00150-2-175253
（編集）電話 03-3815-5277／FAX 03-3814-6968
（営業）電話 03-3814-6861／FAX 03-3814-6854
理想社・青木製本

ISBN4-326-65311-6　　Printed in Japan

http://www.keisoshobo.co.jp

浅野智彦　自己への物語論的接近　家族療法から社会学へ　四六判　二九四〇円
上野千鶴子編　脱アイデンティティ　四六判　二六二五円
上野千鶴子編　構築主義とは何か　四六判　二九四〇円
野口裕二　ナラティヴの臨床社会学　四六判　二七三〇円
崎山治男　「心の時代」と自己　感情社会学の視座　A5判　四〇九五円
岩村暢子　〈現代家族〉の誕生　幻想系家族論の死　四六判　一八九〇円
岩村暢子　変わる家族　変わる食卓　真実に破壊されるマーケティング常識　四六判　一八九〇円
山田昌弘　家族というリスク　四六判　二五二〇円
小杉礼子編　フリーターとニート　四六判　一九九五円
小杉礼子　フリーターという生き方　四六判　二一〇〇円
安田雪　働きたいのに…高校生就職難の社会構造　四六判　二五二〇円

＊表示価格は二〇〇六年四月現在。消費税が含まれております。